Welkom op de Nederlandse arbeids

**www.coutinho.nl/ona2**

Met de code in dit boek heb je toegang tot je online studiemateriaal. Dit materiaal bestaat uit filmpjes en audio, een woordenlijst, interactieve oefeningen en links. Om je studiemateriaal te activeren heb je onderstaande code nodig. Ga naar **www.coutinho.nl/ona2** en volg de instructies.

0001-5B74-6E94-878F-B0FE

You are never given a wish without also being given the power to make it come true – Richard Bach

*Er wordt je nooit een wens geschonken zonder dat je ook de kracht krijgt om deze in vervulling te laten gaan*

# Welkom op de Nederlandse arbeidsmarkt

## Werkboek ONA

Dorothé Pietersma

Tweede, herziene druk

uitgeverij coutinho | c

bussum 2022

MIX
Papier van verantwoorde herkomst
FSC® C004472
FSC www.fsc.org



Uitgeverij Coutinho
Postbus 333
1400 AH Bussum
**info@coutinho.nl**
**www.coutinho.nl**

Eerste druk 2016
Tweede, herziene druk 2018, tweede oplage 2022

Omslag: Jeanne design, Arnhem
Foto's binnenwerk: © Shutterstock

Noot van de uitgever
Wij hebben alle moeite gedaan om rechthebbenden van copyright te achterhalen. Personen of instanties die aanspraak maken op bepaalde rechten, wordt vriendelijk verzocht contact op te nemen met de uitgever.
De personen op de foto's komen niet in de tekst voor en hebben geen relatie met hetgeen in de tekst wordt beschreven, tenzij het anders vermeld is.

ISBN 978 90 469 0645 3
NUR 114

# Voorwoord

Oriëntatie op de Nederlandse Arbeidsmarkt is een onderdeel van het inburgeringsexamen waarmee inburgeraars (en andere werkzoekenden) een beroep of een opleiding kiezen waarmee ze een realistische kans van slagen hebben op de arbeidsmarkt.

## Bij de tweede, herziene druk

Het taalgebruik in deze herziene druk is vereenvoudigd en er wordt duidelijker verwezen naar de extra opdrachten voor lager opgeleiden die in de docentenhandleiding staan.
Daarnaast is de volgorde van de eerste drie hoofdstukken veranderd. Cursisten kiezen nu pas aan het eind van hoofdstuk 3 een beroep dat bij hen past, en niet meteen aan het begin. Eerst oriënteren ze zich: welke competenties heb ik, welke sectoren zijn interessant voor mij en welke mogelijke beroepen? In hoofdstuk 3 kijken ze welke taken, werkomstandigheden en speciale eisen bij deze beroepen horen en kiezen ze een beroep dat aansluit bij hun persoonlijke omstandigheden.
Verder staat in hoofdstuk 7 een aantal opdrachten bij filmpjes over werk zoeken die via **www.netinnederland.nl** te bekijken zijn.
Nieuw zijn ook drie filmpjes waarin ondernemers over hun bedrijf vertellen: hoe zijn ze tot de keuze voor dat bedrijf gekomen, en welke stappen moesten ze zetten om een eigen onderneming te realiseren?
Ten slotte zijn er meer buitenschoolse opdrachten opgenomen.

## Dankwoord

Hierbij bedank ik de cursisten van het Drenthe College in Emmen en de Rijksuniversiteit Groningen hartelijk. Zij hielpen mij met hun feedback, en hun enthousiasme inspireerde mij om door te gaan. 'Deze lessen zijn echt belangrijk!' zei een inburgeraar die zijn diploma net had gehaald.

De filmfragmenten in hoofdstuk 8 zijn onderdeel van de Interculturele Effectiviteit Training (IET). Het Talencentrum van de Rijksuniversiteit Groningen stelde ze beschikbaar. Hartelijk dank hiervoor.

*Dorothé Pietersma*
*Emmen, zomer 2018*

# Inhoud

# Inleiding voor docenten

## Taalniveau en vocabulaire

Door het ministerie wordt aangeraden om vanaf taalniveau A1 met Oriëntatie op de Nederlandse Arbeidsmarkt (ONA) te beginnen. Als je de resultaatkaarten bekijkt, zie je al snel dat voor veel vocabulaire en vaardigheden een hoger niveau vereist is. Sommige instellingen lossen dit op door in de NT2-lessen al aandacht te besteden aan het vocabulaire dat daarna bij ONA behandeld wordt. Bij thema's als 'Boodschappen' of 'Vervoer' kun je bijvoorbeeld beroepen behandelen en de werkomstandigheden en taken benoemen: veel zitten, staan, binnen werken, buiten werken, veel Nederlands praten of juist niet, elke dag op dezelfde tijd beginnen enzovoort.

*Welkom op de Nederlandse arbeidsmarkt* is geschikt voor cursisten in de eindfase richting A2. Voor cursisten met een lager taalniveau zijn zowel in het boek als in de docentenhandleiding extra opdrachten te vinden. Aan het eind van elk hoofdstuk is een woordenlijst opgenomen met moeilijke woorden uit het hoofdstuk en de resultaatkaarten. Ook woorden uit de filmpjes of veelvoorkomende woorden in bijvoorbeeld vacatures, vacaturesites of een arbeidscontract zijn hier te vinden. Cursisten kunnen deze lijst aanvullen met moeilijke woorden die ze tegenkomen in onder andere vacatures.
Na de woordenlijst volgen woordenschatoefeningen of een vaardigheidstraining. Hebben cursisten moeite met het vocabulaire? Doe dan eerst de receptieve varianten uit de docentenhandleiding.

## Docentenhandleiding

Bij *Welkom op de Nederlandse arbeidsmarkt* hoort een uitgebreide docentenhandleiding. Ik weet uit ervaring dat die vaak slecht gelezen wordt. Deze handleiding is echter essentieel voor het gebruik van het boek. De tips, achtergrondinformatie en handvatten die je erin vindt, helpen je de cursisten door de vaak moeilijke materie te loodsen. Daarnaast biedt de handleiding een scala aan extra oefeningen op het gebied van vocabulaire, het inslijpen van zinnen en sollicitatievaardigheden. Dit maakt het mogelijk om gedifferentieerd te werken: cursisten met een hoog taalniveau kunnen de meeste vocabulaireoefeningen overslaan en zich richten op de opdrachten die helpen bij het maken van een keuze of waarmee ze hun communicatievaardigheden trainen.

Bij sommige hoofdstukken moeten cursisten thuis voorwerk doen, zoals een vacature zoeken, informatie vinden op internet of een presentatie voorbereiden. In de handleiding is dit dankzij de gebruikte icoontjes in één oogopslag te zien.

In het boek wordt veel verwezen naar filmpjes. In de handleiding zijn verwerkingsopdrachten opgenomen en een bijlage met extra werkvormen bij de filmpjes.

# Inleiding voor cursisten

## Waarom dit boek?

Werk vinden is niet gemakkelijk. Je kunt op veel plaatsen vacatures vinden. Maar hoe weet je wat bij jou past? Wil je snel aan het werk? Of wil je eerst een opleiding doen?

Met de thema's in *Welkom op de Nederlandse arbeidsmarkt* onderzoek je welke beroepen en opleidingen je kunt kiezen. En welk niveau daarvoor nodig is. Je oefent in het schrijven van een sollicitatiebrief en een cv. Je leert ook hoe je een sollicitatiegesprek kunt voeren. Het boek gaat verder over hoe anderen jou kunnen helpen bij een baan vinden. Want de meeste mensen vinden werk via iemand die ze kennen. Ook leer je hoe je kunt samenwerken met collega's. Misschien doen ze dingen anders dan jij. Hoe kun je daarover praten? En wat doe je als er problemen zijn op het werk?

## Voor wie is dit boek?

*Welkom op de Nederlandse arbeidsmarkt* is geschreven voor inburgeraars, maar ook andere werkzoekenden kunnen veel aan dit boek hebben.

**Voor inburgeraars**
Op **www.inburgeren.nl** moet je een digitaal portfolio maken. Log op de website in met je DigiD. Het portfolio bestaat uit acht resultaatkaarten. Bij elk hoofdstuk in dit boek hoort zo'n kaart. Heb je de informatie uit het hoofdstuk goed begrepen? Dan kun je de kaart invullen. Als je de resultaatkaarten hebt ingevuld moet je ook een aantal bijlagen uploaden:

- twee vacatures
- twee ingevulde sollicitatieformulieren
- sollicitatiebrief
- cv

Hierna kun je jouw portfolio versturen. Jouw portfolio wordt door DUO (Dienst Uitvoering Onderwijs) beoordeeld. Misschien krijg je een gesprek bij DUO over jouw portfolio. In hoofdstuk 9 kun je oefenen met zo'n portfoliogesprek.

## Woordenlijst, vocabulaire en vaardigheden

Aan het eind van elk hoofdstuk vind je een woordenlijst. Moeilijke woorden kun je daar opzoeken. Woorden uit de woordenlijst zijn *cursief* gemaakt in de tekst van het hoofdstuk.
In de lijst staan ook woorden uit de filmpjes, vacatures, een arbeidscontract of van internet. Je vindt ze dan niet in het boek.

Na de woordenlijsten vind je de vocabulaire- en vaardigheidsoefeningen.

- Met de *vocabulaireoefeningen* oefen je met de woorden uit de woordenlijsten. Op de website bij dit boek (**www.coutinho.nl/ona2**) vind je nog meer vocabulaireoefeningen. Wil je nog meer oefenen? Vraag extra oefeningen aan je docent.
- De *vaardigheidsoefeningen* gaan over vaardigheden die nodig zijn bij het vinden van werk of een opleiding. Voorbeelden van vaardigheden zijn een telefoongesprek voeren of vragen stellen bij een open dag van een opleiding. Kun je dat goed? Dan ben je klaar voor de arbeidsmarkt of een studie.

Heb je een hoog taalniveau? Bekijk dan eerst de woordenlijsten aan het eind van elk hoofdstuk. Je ziet dan welk vocabulaire je moet kennen. Als je veel woorden al kent, kun je de vocabulaireoefeningen overslaan.

## Werk zoeken en internet

Als je werk zoekt, kun je bijna niet zonder een computer of smartphone. Bij alle opleidingen moet je opdrachten via de computer inleveren. Ook sollicitatieformulieren en -brieven worden digitaal verstuurd. Op internet staan veel vacatures. En je kunt contact maken met andere mensen, bijvoorbeeld via LinkedIn. Misschien willen zij jou helpen om bij een bedrijf binnen te komen.
Ben je nog niet zo handig met computers en internet? Oefen er thuis mee, of vraag iemand om je te helpen.

## Pictogrammen

In dit boek kom je de volgende pictogrammen tegen:

Werk samen met een kleine groep.

Je krijgt een opdracht van je docent, of materiaal of informatie om de opdracht in het boek te maken.

Je gaat buiten de les informatie zoeken of een opdracht doen.

C Kijk op de website bij dit boek: **www.coutinho.nl/ona2** (zie ook hierna).

// Zoek informatie op internet.

## De inhoud van de hoofdstukken

### Onderwijs in een nieuwe cultuur

Het onderwijs in Nederland is anders dan in het land waar je vandaan komt. Waar moest jij aan wennen?

1 **Wat kun jij goed? (resultaatkaart 3)**
Voor de meeste beroepen heb je een diploma nodig. In vacatures lees je ook over competenties. 'Communicatief' is een voorbeeld van een competentie. Kun je makkelijk contact maken met anderen? Dan ben je communicatief. Welke eigenschappen heb jij? Dat onderzoek je in dit hoofdstuk. Ook oefen je om erover te praten als je solliciteert.

2 **Welke sector past bij jou?**
Je oriënteert je op de arbeidsmarkt. Eerst zoek je informatie. Welke sectoren zijn er? (Bijvoorbeeld zorg, onderwijs, vervoer en techniek.) In welke sector wil je werken? Je kiest je favoriete sector.

3 **Kies een realistisch beroep (resultaatkaart 1 en 2)**
Wil je alleen overdag werken of ook 's avonds? Wil je reizen voor je werk, of werk je liever dicht bij huis? Ben je sterk en gezond? Kun je zwaar werk doen? Heb je een diploma nodig? Kies werk dat bij jouw persoonlijke situatie past. Dit hoofdstuk helpt je hierbij.

4 **Beroepskansen (resultaatkaart 4)**
Is er in jouw regio veel werk? Wat doe je als er weinig banen zijn? Misschien wil je een opleiding doen. Kun je met het diploma makkelijk werk vinden? En wie betaalt de opleiding? In dit hoofdstuk zoek je antwoorden op deze vragen.

5 **Beroepscompetenties (resultaatkaart 5)**
Beroepscompetenties leer je tijdens een opleiding of in de praktijk. Wil je in de zorg werken? Dan moet je Nederlands praten met patiënten en collega's. Wil je arts worden? Dan heb je een diploma van de universiteit nodig. Aan het eind van dit hoofdstuk ken je de beroepscompetenties die horen bij jouw wensberoep. Je onderzoekt ook welk taalniveau nodig is bij de opleiding die je wilt doen.

6 **Netwerken werkt! (resultaatkaart 6)**
Wist je dat de meeste mensen werk vinden via iemand die ze kennen? Dit hoofdstuk helpt je om jouw netwerk groter te maken. Je leert ook om hulp te vragen, bijvoorbeeld bij het maken van een cv.

7 **Werk vinden (resultaatkaart 7)**
In dit hoofdstuk maak je kennis met verschillende manieren van werk vinden. Je oefent met het schrijven van een sollicitatiebrief en het invullen van een sollicitatieformulier. Ook maak je een cv en oefen je met het voeren van telefoongesprekken.

8 **Werkcultuur (resultaatkaart 8)**
Als je bij een Nederlands bedrijf werkt, is het belangrijk dat je de cultuur leert kennen. In dit hoofdstuk praat je met andere cursisten: is de werkcultuur in Nederland anders dan je gewend bent? Wat zijn de verschillen? Wat kun je doen als je iets niet begrijpt?

9 **Het portfolio**
Dit hoofdstuk is bedoeld voor inburgeraars. DUO controleert het portfolio en stuurt het terug als er fouten in zitten. Controleer de resultaatkaarten en de bijlagen daarom goed. De tips in dit hoofdstuk helpen je hierbij. Ook zijn er vragen om het portfoliogesprek te oefenen.

## Online studiemateriaal

Op **www.coutinho.nl/ona2** vind je het online studiemateriaal bij dit boek. Dit materiaal bestaat uit:

- filmpjes en audio bij de oefeningen in het boek;
- een verzamelde woordenlijst, met begrippentrainer;
- interactieve oefeningen;
- handige links.

# Onderwijs in een nieuwe cultuur

Je bent verhuisd naar een ander land. Veel is anders: de winkels, de huizen, de dorpen en steden, het landschap. En natuurlijk ook de mensen.
Volg je nu een cursus? Dan heb je al kennisgemaakt met het Nederlandse onderwijs en met docenten.

## Opdracht 1

Het onderwijs in Nederland is anders dan in andere landen. Wat zijn de verschillen met het land waar jij vandaan komt? Loop door het lokaal en praat hierover met drie andere cursisten.

## Opdracht 2

Vul het schema in. Schrijf boven aan de linkerkolom de naam van jouw land. Noteer wat bij het onderwijs in jouw land past. Schrijf in de rechterkolom wat bij het Nederlandse onderwijs past.
Voorbeeld:

| Mijn land: **Syrië** | **Nederland** |
|---|---|
| Veel leerlingen in een groep | Weinig leerlingen in een groep |

| Mijn land: ______________________ | **Nederland** |
|---|---|
| ______________________ | ______________________ |
| ______________________ | ______________________ |
| ______________________ | ______________________ |
| ______________________ | ______________________ |
| ______________________ | ______________________ |

Dit zeiden andere cursisten:

'In Nederland dragen kinderen geen schooluniform. In mijn land wel. Studeren kost hier veel geld. In mijn land zijn de meeste scholen gratis. Privéscholen zijn juist weer duur.'

'De docenten hier zijn aardig en niet zo streng. In mijn land praat de docent en luisteren de studenten. Vragen stellen aan de docent is hier heel normaal. Je bent een goede student als je vragen stelt. Ik schaamde me als ik iets moest zeggen. Nu durf ik meer.'

'We krijgen huiswerk, maar de docent controleert het niet altijd. Sommige oefeningen doen we thuis. We moeten ze zelf controleren. Je moet hier meer zelf studeren en discipline hebben.'

'In Nederland werken we veel met de computer. Je moet hier echt handig mee zijn: oefeningen maken, opdrachten naar de docent mailen, informatie zoeken op internet.'

'Ik heb bijna niveau B1. Ik wil een opleiding doen. Maar welke? In mijn land kon ik niet zoveel kiezen. Hier moet ik goed over mijn toekomst nadenken en de goede stappen zetten.'

'Samenwerken is hier belangrijk. We leren niet alleen van de docent, maar ook van elkaar.'

Bij ONA maak je kennis met verschillende werkvormen. Soms werk je in groepjes, je interviewt mensen. Of je doet een opdracht buiten de school. Je gaat bijvoorbeeld naar een uitzendbureau. Veel opdrachten doe je met de computer: informatie zoeken op internet, een sollicitatiebrief en een cv maken.

## Kiezen

'Mijn taalcoach zegt dat ik tandartsassistent moet worden', vertelt Nour in de les. Haar taalcoach wil haar helpen. Anderen kunnen je natuurlijk helpen, maar je kiest zelf wat bij jou past.

Je zoekt eerst veel informatie over beroepen en opleidingen. Daarna kun je zelf een keuze maken. In een schema ziet dat er zo uit:

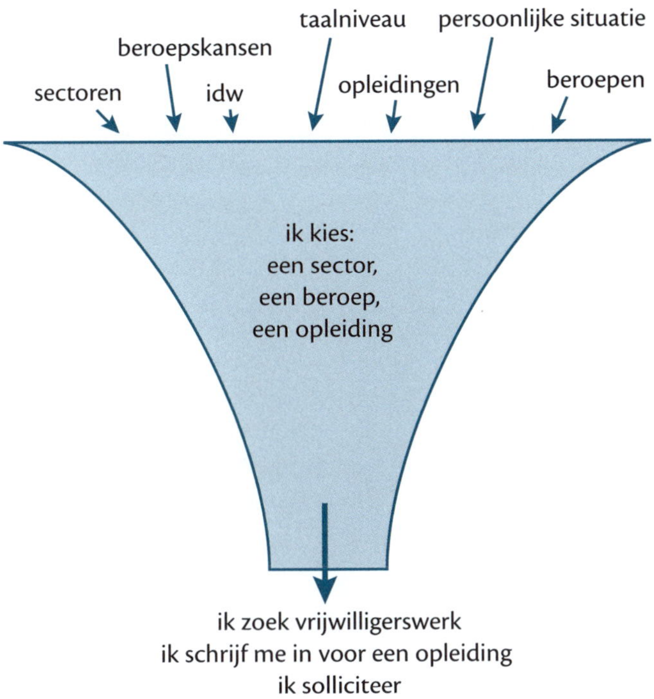


**Figuur 1 Informatie zoeken, kiezen en stappen zetten**

## Doen

Heb je een diploma meegenomen naar Nederland? En wil je weten wat jouw diploma hier waard is? Via **www.idw.nl** kun je je diploma laten waarderen. Je weet dan op welk niveau je kunt werken of studeren. Het kan lang duren voor je antwoord krijgt. In hoofdstuk 2 vind je meer informatie hierover.

Als je gaat werken of studeren is een cv belangrijk. Dat is een lijst met je persoonsgegevens, werkervaring en opleiding. In hoofdstuk 7 staat een voorbeeld van een cv. Je kunt ook andere voorbeelden aan je docent vragen. Maak nu alvast een cv. Ben je niet zo handig met de computer? Vraag of iemand je helpt.

# 1

# Wat kun jij goed?

Ieder mens heeft kwaliteiten. De een kan goed koken. De ander heeft veel geduld met kinderen. Weer iemand anders is handig met de computer. Sommige mensen kunnen goed alleen werken, andere willen graag samenwerken.
Tijdens een opleiding leer je *theorie* uit een boek. Bij een stage leer je de *praktijk*. Maar je leert niet alleen op school. Als je vroeger voor je broertjes en zusjes zorgde, heb je geleerd om zorgzaam te zijn. Of misschien heb je een oom geholpen in de winkel. Dan heb je geleerd om met klanten te praten en kun je goed rekenen.
In dit hoofdstuk denk je na over wat jouw eigenschappen of *competenties* zijn. In *vacatures* staan competenties die je nodig hebt voor een baan. Zo kun je zelf nadenken: past dit werk bij mij? De competenties staan aan het eind van dit hoofdstuk bij elkaar in een aparte woordenlijst. Resultaatkaart 3 gaat over eigenschappen.

Tip: Doe eerst hoofdstuk 1, 2 en 3. Vul dan de resultaatkaarten 1-3 in.

## 1.1 Competenties en levenservaring

Bij dit hoofdstuk horen twee filmpjes. Een op niveau A2-B1 en een op niveau B1-B2. Maak de opdrachten die bij jouw niveau passen.

### C Opdracht 1 • A2-B1

Bekijk het filmpje en lees de zinnen. Bekijk het filmpje dan nog eens en kruis de zinnen aan die je hoort.

Amel:

- ☐ Ik kom uit Turkije.
- ☐ Ik woonde bij mijn ouders.
- ☐ In Tunesië ben ik niet opgegroeid bij mijn vader en moeder.
- ☐ Mijn man helpt mij.
- ☐ Ik neem mijn beslissingen alleen.
- ☐ ... niet altijd afhankelijk van een groep mensen.

3 resultaatkaart

Hakim:

- ☐ Ik kom uit Afghanistan.
- ☐ Ik heb Staatsexamen I gehaald.
- ☐ Ik werk bij een sloperij.
- ☐ Ik heb een baantje bij een bakkerij gevonden.
- ☐ Nu ben ik bezig om Staatsexamen II te halen.

Shaza:

- ☐ Ik doe vrijwilligerswerk bij oude mensen.
- ☐ Ik heb werk gevonden bij VSM.

Bespreek de vragen.

1. Amel is bij haar opa en oma opgegroeid. Dat was niet altijd leuk. Maar ze heeft ook iets geleerd. Wat heeft ze geleerd?
2. Hakim werkt en hij leert voor taxiondernemer. Welke kwaliteit zie je bij Hakim?
3. Shaza is verhuisd toen ze 10 jaar was. Ze mocht niet naar school. Ze heeft zelf de taal geleerd. Wat kan Shaza goed?

## Opdracht 2 • A2-B1

Bespreek wat de competenties betekenen. Bij wie passen ze? Zet een kruisje onder Amel, Hakim of Shaza.

| | Amel | Hakim | Shaza |
|---|---|---|---|
| ambitieus | ☐ | ☐ | ☐ |
| onafhankelijk | ☐ | ☐ | ☐ |
| proactief | ☐ | ☐ | ☐ |
| doorzettingsvermogen | ☐ | ☐ | ☐ |
| ondernemend | ☐ | ☐ | ☐ |
| klantgericht | ☐ | ☐ | ☐ |
| gedisciplineerd (de discipline) | ☐ | ☐ | ☐ |
| gemotiveerd (de motivatie) | ☐ | ☐ | ☐ |
| initiatief nemen | ☐ | ☐ | ☐ |
| representatief | ☐ | ☐ | ☐ |
| verantwoordelijk | ☐ | ☐ | ☐ |

| | Amel | Hakim | Shaza |
|---|---|---|---|
| flexibel | ☐ | ☐ | ☐ |
| vriendelijk | ☐ | ☐ | ☐ |
| leidinggeven | ☐ | ☐ | ☐ |
| zorgzaam | ☐ | ☐ | ☐ |
| zelfstandig | ☐ | ☐ | ☐ |
| samenwerken | ☐ | ☐ | ☐ |
| communicatief | ☐ | ☐ | ☐ |

## Opdracht 3 • B1-B2

Bekijk het filmpje. Je ziet Justina. Ze werkt als consultant bij Ernst & Young. Dit bedrijf controleert de financiële administratie van andere bedrijven. Justina komt uit Namibië. Ze is daar bij haar grootouders opgegroeid.

Je krijgt een oefening van je docent. Welke zinnen hoor je? Werk in tweetallen en maak de oefening terwijl je het filmpje nog een keer kijkt.

## Opdracht 4 • B1-B2

Welke competenties passen bij Justina?

- ☐ ambitieus
- ☐ onafhankelijk
- ☐ proactief
- ☐ doorzettingsvermogen
- ☐ ondernemend
- ☐ klantgericht
- ☐ gedisciplineerd (de discipline)
- ☐ gemotiveerd (de motivatie)
- ☐ initiatief nemen
- ☐ representatief
- ☐ verantwoordelijk
- ☐ flexibel
- ☐ vriendelijk
- ☐ leidinggeven
- ☐ zorgzaam
- ☐ zelfstandig
- ☐ samenwerken
- ☐ communicatief

## Opdracht 5

Je krijgt een opdracht van je docent. Welke competenties laten deze mensen zien?

### Belangrijke gebeurtenissen in je leven

In figuur 1.1 zie je de levenslijn van Amel. Er staan dingen in die voor haar belangrijk zijn geweest.

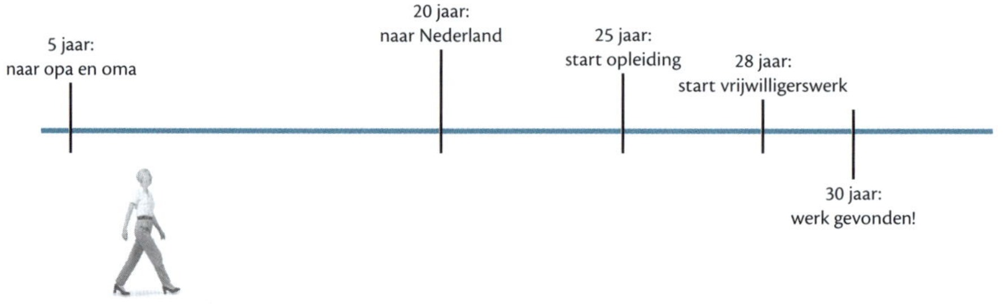


**Figuur 1.1 Levenslijn van Amel**

Amel is bij haar opa en oma opgegroeid. Dit heeft haar pijn gedaan, want haar ouders konden niet voor haar zorgen. Maar het heeft haar **sterk** en **onafhankelijk** gemaakt. Ze kan nu haar beslissingen alleen nemen.
Amel verhuisde naar Nederland. Ze sprak de taal niet en ze kende niemand. Soms voelde ze zich alleen. Ze heeft geleerd om **initiatief** te nemen: ze heeft de taal geleerd, ze heeft vrijwilligerswerk gedaan en ze heeft werk gevonden.
Haar zoon was nog klein toen ze naar school ging en toen ze ging werken. Soms was dat moeilijk. Ze moest oppas regelen. Nu durft ze **hulp** te **vragen** aan anderen. Ze heeft ook geleerd om **flexibel** te zijn. Gebeuren er onverwachte dingen? Dan denkt ze rustig na: 'Hoe kan ik dit probleem oplossen?'

Ook Justina is bij haar grootouders opgegroeid. Zij komt uit een cultuur met een matriarchale achtergrond: vrouwen nemen belangrijke beslissingen in de familie. Hierdoor kan ze **ambitieus** zijn. Ze vindt haar carrière en privéleven belangrijk. Daarom **organiseert** ze haar leven zo dat ze werk en privé veel aandacht kan geven.

## 1.2 Wat heb jij geleerd in je leven?

### Opdracht 6

Teken je eigen levenslijn. In welk jaar ben je geboren? Schrijf dat jaar aan het begin van de lijn. Welk jaar is het nu? Schrijf dat aan het eind van de lijn. Welke gebeurtenissen zijn belangrijk geweest in jouw leven? Schrijf ze op de goede plaats in de levenslijn.

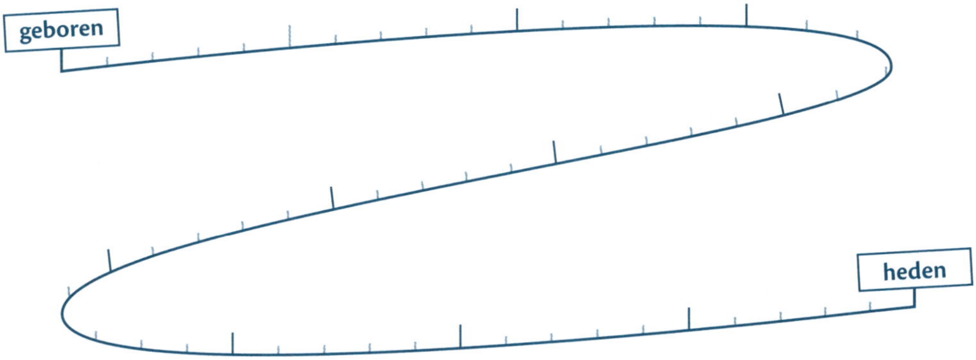


**Figuur 1.2** **Je eigen levenslijn**

## Opdracht 7

Vertel elkaar hoe je levenslijn eruitziet. Wat heb je geleerd in je leven? Noem competenties, dat zijn kwaliteiten die bij je passen. Bijvoorbeeld:

- Ik ben ambitieus.
- Ik ben onafhankelijk.
- Ik ben proactief.
- Ik heb doorzettingsvermogen.
- Ik ben ondernemend.
- Ik ben klantgericht.
- Ik ben gedisciplineerd (de discipline).
- Ik ben gemotiveerd (de motivatie).
- Ik kan initiatief nemen.
- Ik ben representatief.
- Ik ben flexibel.
- Ik voel me verantwoordelijk.
- Ik ben vriendelijk.
- Ik ben zorgzaam.
- Ik kan goed samenwerken.
- Ik kan leidinggeven.
- Ik ben zelfstandig.
- Ik ben creatief.
- Ik ben zorgvuldig.
- Ik kan prioriteiten stellen.
- Ik ben communicatief.

Kies drie competenties die bij jou passen en schrijf ze op.

1 ____________________

2 ____________________

3 ____________________

### Opdracht 8

Niemand is perfect. Wat gaat bij jou soms niet goed? Als je weet en accepteert wat niet zo goed gaat, kun je het misschien veranderen. Bijvoorbeeld:

- Ik voel me onzeker.
- Ik ben verlegen.
- Ik praat veel.
- Ik ben gesloten.
- Ik ben lui.
- Ik ben ongeduldig.
- Ik ben langzaam.
- Ik ben onrustig.
- Ik ben ongedisciplineerd.
- Ik ben jaloers.
- Ik ben slordig.
- Ik kan slecht luisteren.
- Ik kan geen 'nee' zeggen.
- Ik kom vaak te laat.

Schrijf drie dingen op die soms niet goed gaan.

1 ______________________________

2 ______________________________

3 ______________________________

Praat erover met elkaar: hoe kun je dat veranderen?

## 1.3 Competenties en beroepen

### Opdracht 9

Bespreek samen de betekenis van de gekleurde woorden in de volgende zinnen. De zinnen komen uit verschillende vacatures. Over welke baan gaat de vacature, denk je? Of passen ze bij verschillende banen?

Vul in:

**docent – telefonist – huisarts – ICT'er – schoonmaker in een apotheek**

1 Gezocht: **enthousiaste** en **flexibele** ______________________.

2 Een ______________________ met **communicatie*vaardigheden*.**

3 Het werk moet **zorgvuldig** gedaan worden. Wij zoeken een ______________________.

4 Een goede ______________________ kan **prioriteiten stellen** en goed **samenwerken** binnen het team en met anderen.

5 Ben je **stressbestendig**? Dan zijn we op zoek naar jou: ______________________!

De gekleurde woorden noem je competenties. Ze zeggen niets over het werk, maar wel iets over de persoon die gezocht wordt. Over zijn of haar eigenschappen. Die persoon moet flexibel zijn, goed kunnen communiceren, kunnen samenwerken.

De zinnen komen uit deze vacatures: 1. docent; 2. ICT'er; 3. schoonmaker in een apotheek; 4. huisarts; 5. telefonist. Maar je hebt al gezien dat de competenties bij veel beroepen passen.

## Opdracht 10

Werk samen. Noem een paar beroepen waar mensen veel stress hebben. En bij welke banen moet je samenwerken? Ken je werk waarbij je alleen werkt en weinig contact hebt met collega's? Bij welke beroepen moet je communiceren met mensen buiten het bedrijf? (Zoals klanten, patiënten.) In welke banen zien medewerkers er representatief uit?

## Opdracht 11

Bespreek samen welke competenties nodig zijn bij alle beroepen en schrijf er drie op. Heb je die competenties of wil je ze leren?

1 ______________________

2 ______________________

3 ______________________

### Opdracht 12

C

Misschien droom je van een eigen bedrijf. Je bent dan ondernemer. Je moet dan natuurlijk ondernemend zijn. Maar welke andere competenties heb je nodig? Bekijk het filmpje. Je hoort ondernemers over hun competenties praten. Welke competenties hoor je?

1 ___

2 ___

3 ___

Heb jij die competenties? Of heb jij andere competenties die passen bij een ondernemer?

### Opdracht 13

Bespreek de volgende vragen in een kleine groep.
Heb je gewerkt? Heb je een opleiding gedaan? Welke kwaliteiten heb je daar laten zien? Doe je vrijwilligerswerk of heb je een baan? Ook hier gebruik je je competenties.
Welke competenties zie je bij de andere cursisten?
Kijk nog eens naar de competenties die je bij opdracht 7 opgeschreven hebt. Schrijf jouw vijf belangrijkste competenties op.

1 ___

2 ___

3 ___

4 ___

5 ___

## 1.4 Praten over je competenties

Zoek je werk of vrijwilligerswerk? In een *sollicitatiegesprek* vraagt de manager naar je competenties.

Door psychologen is de STAR-methode ontwikkeld. Hiermee kunnen mensen over hun goede eigenschappen praten. STAR betekent:

In welke **S**ituatie heb je deze kwaliteit laten zien?
Wat was jouw **T**aak?
Wat was je **A**anpak?
Wat was het **R**esultaat?

Bijvoorbeeld 'Ik ben stressbestendig':

- Situatie: Ik ben met ons gezin vaak verhuisd.
- Taak: Ik moet een nieuwe school zoeken voor mijn kinderen, alles inpakken en schoonmaken, dingen regelen met de gemeente en het energiebedrijf.
- Aanpak: Ik begin op tijd. Ik maak een lijst van alle activiteiten die ik moet doen. Ik doe elke dag iets. Ik blijf rustig.
- Resultaat: Alles is op tijd klaar.

In een schema ziet dat er zo uit:

| **competentie** | **situatie, taak en aanpak** | **resultaat** |
|---|---|---|
| stressbestendig | verhuizing, veel regelen, een lijst maken, elke dag iets | Ik blijf rustig en alles is op tijd klaar. |

Je kunt een gesprek over competenties zo oefenen:

Cursist A: Ik ben flexibel.
Cursist B: In welke situatie heb je dat laten zien?
Cursist A: Toen mijn zoon klein was en ik vrijwilligerswerk deed.
Cursist B: Wat was jouw taak?
Cursist A: Ik werkte met gehandicapte mensen. Soms moest ik langer werken, omdat er een vergadering was. Ik kon mijn zoon dan niet uit school halen.
Cursist B: Hoe heb je het aangepakt?
Cursist A: Ik had telefoonnummers van veel moeders van school. Ik belde een moeder om te vragen of mijn zoon met haar mee mocht na schooltijd.
Cursist B: Wat was het resultaat?
Cursist A: Ik kreeg een contract aangeboden en ik mocht een opleiding doen.

In een schema ziet dat er zo uit:

| **competentie** | **situatie, taak en aanpak** | **resultaat** |
|---|---|---|
| flexibel | Ik moet soms overwerken. Ik blijf rustig. Ik regel dan snel een oppas voor mijn zoon. | Ik kreeg een contract en ik mocht een opleiding doen. |

| competentie | situatie, taak en aanpak | resultaat |
|---|---|---|
| proactief | Ik leer Nederlands en ik werk bij een bakkerij. In de toekomst wil ik dit mis- schien niet meer. Ik doe een opleiding voor taxionder- nemer. | Ik verdien mijn eigen geld en ik kan in de toekomst een taxibedrijf beginnen. |
| doorzettingsvermogen | Ik heb als kind zelf Farsi ge- leerd. Dat was mijn tweede taal. Ik vind het inburge- ringsexamen moeilijk. Ik oefen met mijn taalcoach en ik werk. | Ik ga het inburgeringsexa- men halen. Ik heb dan een derde taal geleerd! |

## Opdracht 14

1 Kies drie competenties die bij jou passen en schrijf ze in het schema.
2 Voer een gesprek over de eerste competentie en wissel daarna van rol.
3 Oefen daarna met de andere competenties.

| competenties die ik kan laten zien | situatie, taak en aanpak | resultaat |
|---|---|---|
| | | |
| | | |
| | | |

Cursist A: Ik ben ___________________________

Cursist B: In welke situatie heb je dat laten zien?

Cursist A: ___________________________

Cursist B: Wat was jouw taak?

Cursist A: ___________________________

Cursist B: Hoe heb je het aangepakt?

Cursist A: ______________________________

Cursist B: Wat was het resultaat?

Cursist A: ______________________________

## Opdracht 15

Misschien vind je sommige competenties nog moeilijk. Daar kun je mee oefenen.

Deze competenties wil ik nog leren of verder ontwikkelen. Hierin wil ik beter worden:

______________________________

______________________________

______________________________

## Opdracht 16

Raad het beroep. Werk samen met een groep. Je krijgt informatie van je docent.

## Doen

Je krijgt een lijst met competenties van je docent. Vraag aan twee personen die jou goed kennen welke competenties ze bij jou zien. Kruis die aan. Presenteer de volgende les in een kleine groep hoe deze opdracht is gegaan. Wie heb je gevraagd? Welke competenties zijn er genoemd? Herken je ze?

- Twee personen vragen welke competenties ze bij jou zien.
- Een vacature zoeken en meenemen naar de les. De competenties onderstrepen die erin staan.

## WOORDENLIJST

- Lees de woorden. Je kunt de lijst zelf langer maken.
- Welke woorden ken je? Zet daar een kruisje voor.
- Welke woorden ken je niet? Lees de betekenis en schrijf de vertaling erachter.
- Lees de woorden nog eens hardop. Vind je de uitspraak moeilijk? Zet dan een streep onder de lettergreep met de klemtoon (het accent).

☐ **Competenties** ______________________________
Kwaliteiten of eigenschappen, dingen die je goed kunt. *Ik ben stressbestendig. Deze competentie kan ik goed gebruiken in mijn drukke baan.*

☐ **Kennis** ______________________________
Wat je weet of wat je hebt geleerd. *Zij heeft veel kennis van biologie.*

☐ **Praktijk** ______________________________
Hoe iets in werkelijkheid gebeurt. *In boeken kun je veel theorie vinden over lesgeven. Ik heb het meeste geleerd in de praktijk, tijdens mijn werk.*

☐ **Sollicitatiegesprek** ______________________________
*Mijn buurvrouw heeft gesolliciteerd op een baan als laborant. Morgen heeft ze een sollicitatiegesprek. Ik hoop dat ze de baan krijgt.*

☐ **Solliciteren** ______________________________
Een brief en je cv sturen naar een werkgever die een vacature heeft. *Je kunt ook via internet solliciteren. Misschien krijg je een uitnodiging voor een gesprek.*

☐ **Theorie** ______________________________
Informatie die je in boeken kunt lezen. *Het autorijexamen heeft twee onderdelen: theorie en praktijk.*

☐ **Vaardigheden** ______________________________
Hoe goed je dingen kunt doen. *Hij heeft goede communicatieve vaardigheden. Hij kan met veel verschillende mensen contact maken.*

☐ **Vacature** ______________________________
Een baan waar iemand voor gezocht wordt. *Mijn collega is met pensioen. Nu zoekt mijn baas een nieuwe werknemer. Er is een vacature bij ons bedrijf. Je kunt solliciteren.*

Mijn moeilijke woorden:

## Competenties

☐ **Accuraat**
Je werkt precies en je zorgt dat je geen fouten maakt.

☐ **Ambitieus**
Je werkt hard om jezelf te ontwikkelen of jouw organisatie te verbeteren.

☐ **Communicatief**
Durf je vragen te stellen? Luister je goed naar anderen? Kun je vertellen wat je belangrijk vindt? Dan ben je communicatief (mondelinge communicatievaardigheden). Bij sommige beroepen moet je schriftelijke communicatievaardigheden hebben. Je moet dan goede teksten, brieven of e-mails kunnen schrijven.

☐ **Discipline – gedisciplineerd**
Je houdt je aan de regels van je baas. Of aan regels die je zelf hebt gemaakt (bijvoorbeeld: ik moet sporten, want dat is gezond). Dat doe je ook als je die regels niet makkelijk vindt.

☐ **Doorzettingsvermogen**
Je blijft doorgaan met je werk, ook als het moeilijk wordt. Soms ga je met kleine stapjes vooruit. Toch blijf je volhouden.

☐ **Enthousiast**
Je bent heel blij met je werk en laat dat zien.

☐ **Flexibel**
Je kunt je makkelijk aanpassen. Bij een onverwachte gebeurtenis raak je niet in paniek. Je zoekt rustig naar een oplossing.

☐ **Initiatief nemen**
Jouw leidinggevende hoeft niet altijd te zeggen wat je moet doen. Dat zie je zelf. Als er problemen zijn, bedenk je een oplossing.

☐ **Klantgericht** ____________________
Je denkt goed na: 'Wat vindt de klant belangrijk?' Je zorgt dat de klant tevreden is.

☐ **Leidinggeven** ____________________
Je kunt andere mensen vertellen wat ze moeten doen. Je kunt goed communiceren. Mensen werken daardoor graag voor jou.

☐ **Motivatie – gemotiveerd** ____________________
Je bent en blijft enthousiast over het werk dat je moet doen. Ook als het soms moeilijk is.

☐ **Onafhankelijk** ____________________
Je denkt zelf na. Je doet niet automatisch iets wat anderen ook doen. Je kunt zelfstandig je werk organiseren.

☐ **Ondernemend** ____________________
Je blijft niet stilzitten als er iets moet gebeuren, maar je gaat aan het werk. Mensen met een eigen bedrijf moeten ondernemend zijn. Je hebt vaak ideeën over hoe je iets moet doen.

☐ **Prioriteiten stellen** ____________________
Als je veel werk hebt, moet je kiezen wat echt belangrijk is en wat je eerst gaat doen.

☐ **Proactief** ____________________
Je ziet een probleem aankomen en zorgt dat het opgelost wordt. Het is bijna hetzelfde als initiatief nemen. Je wacht niet af als er iets gedaan moet worden.

☐ **Representatief** ____________________
Jij bent het visitekaartje van het bedrijf. Je ziet er netjes uit. Als mensen tevreden zijn over jou, zijn ze ook tevreden over het bedrijf waar je werkt.

☐ **Samenwerken** ____________________
Je houdt ervan om samen met anderen te werken.

☐ **Stressbestendig** ____________________
Soms gebeurt er veel tegelijk op je werk. Daar kun je zenuwachtig (gestrest) van worden. Blijf je rustig in moeilijke situaties? Dan ben je stressbestendig.

- ☐ **Verantwoordelijk** ____________________
  Je let goed op de kwaliteit van je eigen werk én dat van anderen. Je wilt dat al het werk zo goed mogelijk gedaan wordt.

- ☐ **Zelfstandig** ____________________
  Je vraagt niet steeds aan anderen wat je moet doen. Je weet ook wanneer je om hulp of advies moet vragen.

- ☐ **Zorgvuldig** ____________________
  Je doet dingen met zorg en aandacht. Je probeert je werk zo goed en netjes mogelijk te doen.

Mijn moeilijke woorden:

______________________________________________

______________________________________________

______________________________________________

## VOCABULAIRE EN VAARDIGHEDEN

Competenties zijn soms lange en moeilijke woorden. Bij opdracht 17 oefen je met de uitspraak van deze woorden.

### Opdracht 17

Lees om de beurt een woord. De klemtoon (het accent) ligt op het onderstreepte stuk.

accu<u>raat</u>
ambiti<u>eus</u>
communica<u>tief</u>
gedisciplin<u>eerd</u>
<u>door</u>zettingsvermogen
enthousi<u>ast</u>
fle<u>xi</u>bel
gemoti<u>veerd</u>
initia<u>tief</u> nemen
klantge<u>richt</u>
<u>lei</u>dinggeven
onaf<u>han</u>kelijk
onder<u>ne</u>mend
priori<u>tei</u>ten stellen
<u>pro</u>actief
representa<u>tief</u>
<u>sa</u>menwerken
stressbe<u>sten</u>dig
verant<u>woor</u>delijk
zelf<u>stan</u>dig
zorg<u>vul</u>dig

C Meer oefenen? Ga naar de website voor een interactieve oefening.

# 2

# Welke sector past bij jou?

De eerste resultaatkaart van het ONA-*portfolio* heet '*Beroepenoriëntatie*'. Dit betekent dat je informatie zoekt en vindt over verschillende beroepen. 'Welk werk past bij mij? Kan ik dit doen in Nederland? Heb ik een diploma nodig? Welk diploma heb ik nodig?' In dit hoofdstuk vind je het antwoord op deze vragen.

## 2.1 Wie ben ik?

Je wilt werken, *vrijwilligerswerk* doen of studeren. Maar wat moet je kiezen? In figuur 2.1 zie je een woordspin of mindmap van Zahra. Zij heeft woorden en zinnen opgeschreven die bij haar passen. Dit helpt haar om een plan te maken voor de toekomst.

**Figuur 2.1 Woordspin van Zahra**

## Opdracht 1

Bekijk de woordspin van Zahra. Wat weet je nu van haar? Heeft ze al een keus gemaakt voor werk of opleiding?
Maak nu een woordspin van jezelf. Je kunt de tekening hierna gebruiken of een kopieerblad aan de docent vragen. Je mag ook zelf een tekening maken.

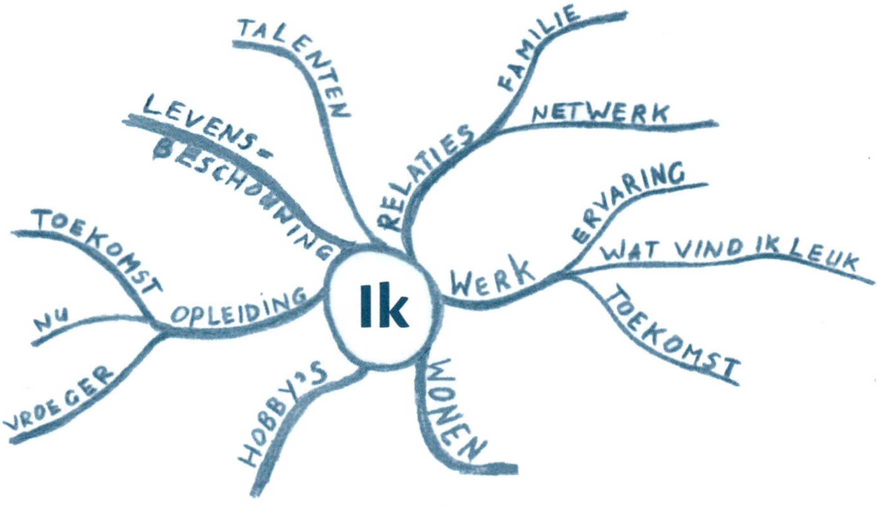


**Figuur 2.2 Voorbeeld woordspin**

## Opdracht 2

Werk samen met twee anderen en presenteer de woordspin aan elkaar.

## Opdracht 3

Hierna volgt een lijst met activiteiten van beroepen.
Kruis de beroepsactiviteiten aan die jou leuk lijken.
Schrijf daarna je top drie op.

- ☐ Ik help mensen om gezond te blijven of te worden.
- ☐ Ik help mee aan het bouwen van woningen of andere gebouwen.
- ☐ Ik werk in een winkel.
- ☐ Ik heb een eigen bedrijf.

- ☐ Ik maak eten of bedien in een hotel, restaurant of café.
- ☐ Ik maak graag mooie dingen en ik ben geïnteresseerd in kunst en cultuur.
- ☐ Ik maak meubels van hout.
- ☐ Ik maak dingen van metaal.
- ☐ Ik wil in een fabriek werken.
- ☐ Ik werk in een magazijn. Ik zorg dat er altijd genoeg spullen zijn.
- ☐ Ik houd ervan om gebouwen schoon te maken.
- ☐ Ik werk graag met planten of dieren.
- ☐ Ik doe onderzoek in een laboratorium.
- ☐ Ik maak of verkoop medicijnen.
- ☐ Ik help bedrijven of particulieren met hun financiën. Ik ben handig met cijfers.
- ☐ Ik help bedrijven met hun administratie.
- ☐ Ik assisteer de manager.
- ☐ Ik wil leidinggeven aan een bedrijf of afdeling.
- ☐ Ik wil bij een bedrijf werken. Ik zorg ervoor dat medewerkers op de goede plek in het bedrijf werken en dat ze goede scholing krijgen.
- ☐ Ik ben geïnteresseerd in techniek. Ik repareer of verkoop graag auto's of elektrische fietsen.
- ☐ Ik ben handig en technisch. Ik repareer computers, ik help medewerkers als ze een probleem met hun computer hebben.
- ☐ Ik maak websites of computerprogramma's.
- ☐ Ik organiseer graag activiteiten voor toeristen. Ik spreek verschillende talen.
- ☐ Ik bestuur graag een bus, vrachtwagen, boot of heftruck.
- ☐ Ik houd ervan om mensen mooi te maken. Zo geef ik ze een goed gevoel.
- ☐ Ik draag een uniform. Ik werk mee aan de veiligheid van mensen en ik ben sportief.
- ☐ Ik vind het leuk om met jonge kinderen te werken die nog niet naar school gaan.
- ☐ Ik wil kinderen iets leren. Ik ben geïnteresseerd in vakken als biologie, aardrijkskunde, geschiedenis, taal en rekenen.
- ☐ Ik wil jongeren of volwassenen iets leren. Ik ben specialist in een vak of wil dat worden.
- ☐ Ik wil mensen helpen als ze een juridisch probleem hebben. Bijvoorbeeld bij een ruzie op hun werk.

- ☐ ______
- ☐ ______
- ☐ ______

Dit is mijn top drie van beroepsactiviteiten.

1 ______

2 ______

3 ______

### C Opdracht 4

Wil je een eigen bedrijf beginnen? Bekijk dan het filmpje. Ondernemers vertellen over hoe hun droom begon.
Vertel aan de groep hoe jouw droom begon.

**Werk en taalniveau**

In Nederland wordt voor bijna elk beroep een diploma gevraagd. Of werkervaring. Voor een opleiding is vaak taalniveau B1 of B2 nodig. Wat moet je doen als je taalniveau niet zo hoog is?
Vrijwilligerswerk is een goede manier om je taalniveau te verhogen. Je maakt dan ook kennis met de Nederlandse werkcultuur en je krijgt werkervaring.
Laaggeschoold werk is werk waar je weinig of geen opleiding voor nodig hebt. Je krijgt hier vaak cursussen van de werkgever.
Hierna zie je de link naar een website. Hier staat bij welke beroepen er veel kans op werk is. Ook voor mensen met weinig opleiding. Zoek via Google naar 'kans op werk'. Klik daarna op deze link.

- **www.werk.nl/werkzoekenden/solliciteren/baankansen/hoeveel-werk-is-er/beroepen-veel-werk/index.aspx**

## 2.2 Sectoren en beroepen

De *arbeidsmarkt*: dat zijn alle beroepen in Nederland. De arbeidsmarkt is verdeeld in *sectoren* of branches. Elke sector heeft verschillende beroepen. In de zorg werken bijvoorbeeld artsen, fysiotherapeuten en verpleegkundigen. En dit zijn beroepen in de techniek: stukadoor, elektricien, operator en ICT'er.

## Opdracht 5

Bekijk het filmpje en kruis de sectoren aan die je hoort en ziet.

- ☐ onderwijs
- ☐ landbouw
- ☐ industrie
- ☐ zorg
- ☐ dienstensector
- ☐ administratie
- ☐ handel

## Opdracht 6

Werk in groepjes. Je hebt een computer, smartphone of tablet nodig met internet. Kijk eens op de website van een mbo- of hbo-opleiding bij jou in de buurt. Welke sectoren worden op de website genoemd? Schrijf er vijf op.

1 ______________________________

2 ______________________________

3 ______________________________

4 ______________________________

5 ______________________________

## Opdracht 7

Welke sectoren vind jij interessant? Noteer jouw top 3.

1 ______________________________

2 ______________________________

3 ______________________________

Kijk nu naar je favoriete beroepsactiviteiten bij opdracht 3. Passen ze in deze sectoren?

## Opdracht 8

Je krijgt een opdracht van de docent over sectoren en beroepen.

## Doen

Een vacature zoeken die past bij jouw favoriete beroeps-activiteiten.

Je kunt bijvoorbeeld kijken op www.nationalevacaturebank.nl of www.werk.nl. Print de vacature uit of download die op de telefoon. Je kunt ook een scan maken. Opdracht 3 van hoofdstuk 4 gaat hierover.

## 2.3 Wat kan ik in Nederland met mijn diploma doen?

Heb je een diploma gehaald buiten Nederland? En wil je weten wat je hier met dit diploma kunt doen? Via www.idw.nl kun je je diploma laten waarderen. Dit heet internationale *diplomawaardering* (IDW). Je mailt eerst een scan van je diploma. Je krijgt daarna een papier waarop staat wat ongeveer jouw niveau in Nederland is. Je weet dan welke opleiding je kunt doen. Of op welk niveau je kunt werken.

Ik heb mijn diploma al laten waarderen. Dit is mijn diploma in Nederland waard:

______________________________________________

______________________________________________

### Opdracht 9

Moet je je diploma nog laten waarderen? Schrijf de vragen op die je hierover hebt en zoek op www.idw.nl de antwoorden.
Mijn vragen over diplomawaardering:

______________________________________________

______________________________________________

______________________________________________

## 2.4 Ik heb een opleiding gedaan, maar kan geen diploma laten zien

Het Informatiecentrum Diplomawaardering kan vertellen wat ongeveer het niveau is van jouw opleiding. Dat heet een *Indicatie Onderwijsniveau* (ION). Dit is handig als je een opleiding wilt doen of werk zoekt. Op www.idw.nl vind je meer informatie.

## 2.5 Ik heb geen diploma, maar ik doe (onbetaald) werk in Nederland

Je gaat zo kijken naar een filmpje over Frouke de Vrieze. Ze is 55 jaar en werkt al jaren zonder diploma met mensen met een beperking. Ze is assistent-activiteitenbegeleidster. Haar werkgever wil dat ze een diploma haalt. Frouke is geduldig, ze kan goed luisteren en ze is creatief.

Als je een opleiding doet, oefen je deze competenties op school. Frouke leerde ze op haar werk. Daarom volgde ze een *EVC-traject.* EVC betekent: Erkenning Verworven Competenties. In een EVC-traject kun je laten zien wat je hebt geleerd in je (vrijwilligers)werk. Soms kun je daar een diploma voor krijgen.

## C Opdracht 10

Bekijk het filmpje over Frouke en kies het goede antwoord.

1 Frouke werkt in de techniek. waar/niet waar
2 Zij heeft een diploma. waar/niet waar
3 Ze wil graag een opleiding doen. waar/niet waar
4 Frouke volgt een EVC-traject. waar/niet waar
5 Ze heeft genoeg werkervaring en ze krijgt een diploma. waar/niet waar

### Een EVC-traject

Frouke kreeg haar diploma niet vanzelf. Ze moest een portfolio maken. In het portfolio zitten bijvoorbeeld een contract met haar taken, een brief van haar begeleider en een verslag van wat ze doet op haar werk. Zo laat ze zien wat ze kan.

Jij kunt je (vrijwilligers)werk ook laten beoordelen door een EVC-aanbieder. Iemand van dit bedrijf *begeleidt* jou bij het maken van een portfolio. Je moet dan, net als Frouke, bewijzen inleveren waarmee je laat zien wat je kunt.
Als je portfolio af is, krijg je een gesprek. Misschien krijg je dan een *ervaringscertificaat*. Dit certificaat kun je laten zien bij een mbo- of hbo-opleiding. Een examencommissie beslist of je een diploma kunt krijgen.

## Opdracht 11

Een EVC-traject: iets voor jou? Kies het goede antwoord.

1 Ik werk minstens drie jaar zonder diploma (vrijwilligerswerk mag ook) ja/nee
2 Ik doe werk waar je een beroepsopleiding voor kunt doen. ja/nee
3 Ik heb cursussen gedaan voor mijn (vrijwilligers)werk. ja/nee
4 Ik spreek goed Nederlands. ja/nee

Als je deze vier vragen met 'ja' hebt beantwoord, is een EVC-traject misschien iets voor jou.

Deze stappen ga ik nu zetten (bijvoorbeeld: praten met de leidinggevende of uitkerende instantie, oriënterend gesprek bij een EVC-aanbieder, eventueel starten met het traject).

**Stap 1** ______________________________

**Stap 2** ______________________________

**Stap 3** ______________________________

## Opdracht 12

Zet de woorden of afkortingen achter de goede zin.

**beroepenoriëntatie - internationale diplomawaardering (IDW) - Indicatie Onderwijsniveau (ION) - EVC-traject - wensberoepen - sector**

1 Ik heb geen diploma, maar ik doe al meer dan drie jaar (vrijwilligers)werk.

______________________________

2 Ik heb een diploma gehaald in mijn eigen land. Welk werk of welke opleiding kan ik doen?

______________________________

3 Ik weet welk beroep of welke beroepen ik het liefst wil doen.

______________________________

4 Ik weet nog niet precies welk werk bij mij past.

______________________________

5 Ik heb een opleiding in mijn eigen land gedaan, maar ik heb het diploma niet meegenomen.

______________________________

6 Ik zoek een baan in de administratie.

______________________________

## WOORDENLIJST

- Lees de woorden. Je kunt de lijst zelf langer maken.
- Welke woorden ken je? Zet daar een kruisje voor.
- Welke woorden ken je niet? Lees de betekenis en schrijf de vertaling erachter.
- Lees de woorden nog eens hardop. Vind je de uitspraak moeilijk? Zet dan een streep onder de lettergreep met de klemtoon (het accent).

☐ **Arbeidsmarkt** ______________________________
Op de arbeidsmarkt wordt werk aangeboden en kun je zoeken naar een baan. *Het gaat goed met de arbeidsmarkt. Er zijn veel vacatures.*

☐ **Begeleiden** ______________________________
Als je iemand begeleidt, geef je hem hulp en steun. *Ik vind het moeilijk om werk te vinden. Mijn taalcoach begeleidt mij bij het zoeken naar werk.*

☐ **Beroepenoriëntatie** ____________________
Kijken welke beroepen er zijn en welk beroep bij je past. *Als je nog geen beroep hebt, kun je eerst een beroepenoriëntatie doen. Je krijgt dan informatie over allerlei beroepen.*

☐ **Diplomawaardering** ____________________
Heb je een buitenlands diploma? Je kunt dit laten waarderen. Je weet dan op welk niveau je in Nederland kunt werken of studeren. *Ik laat mijn diploma onderzoeken en waarderen door het Informatiecentrum Diplomawaardering.*

☐ **Ervaringscertificaat** ____________________
Dit certificaat kun je halen als je veel werkervaring hebt in een bepaald beroep. Een ervaringscertificaat laat zien op welk beroepsniveau je werkt. Je kunt je ervaringscertificaat inleveren bij de examencommissie van een mbo- of hbo-opleiding. Daar kijkt een examencommissie of je een diploma kunt krijgen. Misschien moet je eerst (een deel van) een opleiding doen.

☐ **EVC-traject** ____________________
EVC betekent Erkenning Verworven Competenties. In een EVC-traject verzamel je informatie over wat je geleerd hebt in je werk en tijdens cursussen. Deze informatie komt in een portfolio. Zo laat je zien dat je op een bepaald niveau werkt. Aan het eind krijg je een ervaringscertificaat. Daarin staat precies wat je al kunt en wat je nog moet leren om het diploma te halen. *Ik werk nu drie jaar als monteur van verwarmingen in het bedrijf van mijn broer. Ik ga een EVC-traject volgen voor het beroep verwarmingsmonteur.*

☐ **Indicatie Onderwijsniveau (ION** ____________________
Een beschrijving van het niveau van jouw buitenlandse opleiding.
*Ik heb in mijn land een opleiding gedaan, maar ik kan geen diploma laten zien. Het Informatiecentrum Diplomawaardering zoekt uit welk onderwijsniveau ik ongeveer heb. Ik krijg dan een Indicatie Onderwijsniveau.*

☐ **Portfolio** ____________________
Een map met bewijzen van wat je allemaal kunt. *Aan het eind van dit werkboek heb ik een portfolio met alle ingevulde resultaatkaarten.*

☐ **Sector** ____________________
Een groep bedrijven die ongeveer hetzelfde werk doen. De Nederlandse arbeidsmarkt is verdeeld in sectoren, bijvoorbeeld landbouw, zorg en industrie. *Er is niet veel werk in de horeca. Ik kan beter werk zoeken in een andere sector.*

☐ **Vrijwilligerswerk** ______________________

Werk dat je doet om andere mensen of organisaties te helpen. Je krijgt er niet voor betaald. Je kunt er wel veel leren. Je taalniveau gaat omhoog en je maakt contact met anderen. Je kunt op de school van je kinderen vrijwilligerswerk doen, bijvoorbeeld helpen met lezen of bij de overblijf. Bij sportclubs werken ook veel vrijwilligers. Zij trainen en coachen de kinderen of brengen ze naar de wedstrijden. *Ik heb vrijwilligerswerk gevonden in een zorgcentrum. Ik ben gastvrouw in het restaurant. Mensen komen bij mij koffiedrinken.*

☐ **Wensberoep** ______________________

Het beroep dat je het liefst wilt doen. *'Wat is jouw wensberoep?' 'In mijn eigen land was ik zanger. Dat wil ik hier ook graag weer worden.'*

Mijn moeilijke woorden:

______________________

______________________

______________________

## VOCABULAIRE EN VAARDIGHEDEN

Opdracht 13 is een oefening over de moeilijke woorden uit het hoofdstuk. Wil je meer informatie over IDW? Doe dan opdracht 14.

### Opdracht 13

Lees om de beurt een vraag, de ander geeft antwoord. Vind je dit moeilijk? Vraag aan je docent kaartjes met vragen en antwoorden.

1. In welke sector wil jij werken?
2. Welke competenties heb jij?
3. Wat is jouw wensberoep?
4. Krijg jij begeleiding van Vluchtelingenwerk? Of van een contactpersoon bij de gemeente? Wat kan de begeleider voor jou doen?
5. Zou je vrijwilligerswerk willen doen? Waarom wel of niet?
6. Is beroepenoriëntatie belangrijk voor je? Waarom wel of niet?
7. Noem drie manieren om vacatures te vinden.
8. Is een EVC-traject iets voor jou? Waarom wel of niet?
9. Is een ION iets voor jou? Waarom wel of niet?
10. Wat moet je doen als je portfolio klaar is?

## Opdracht 14

Bekijk **www.idw.nl**. Kies daarna het goede antwoord en beantwoord de vragen.

1 Mijn buitenlandse diploma laat precies zien welk werk ik in Nederland kan doen. waar/niet waar

2 Met mijn diploma kan ik in Nederland verder studeren. waar/niet waar

3 Ik kan al mijn diploma's laten waarderen. waar/niet waar

4 Diplomawaardering is gratis. waar/niet waar

5 Ik wil mijn diploma niet laten waarderen, want ______________________

______________________________________________

6 Ik wil mijn diploma laten waarderen, want ______________________

______________________________________________

7 Ik ga deze stappen zetten om mijn diploma te laten waarderen:

______________________________________________

______________________________________________

______________________________________________

C Meer oefenen? Ga naar de website voor interactieve oefeningen.

# 3 Kies een realistisch beroep

'Als ik groot ben, wil ik koningin worden', zegt Esther. Dit is de droom van een klein meisje. We weten dat die niet realistisch is: de droom wordt geen werkelijkheid. Het is geen *realistisch beroepsbeeld*.

In dit hoofdstuk kijk je welk beroep je kunt doen. Als je last hebt van je rug, kies je geen zwaar werk. Heb je kleine kinderen? Dan wil je misschien niet 's nachts of 's avonds werken.

Resultaatkaart 1 en 2 horen bij dit hoofdstuk. Vul resultaatkaart 1-3 in als je klaar bent met dit hoofdstuk.

## 3.1 Taken

### C Opdracht 1

Bekijk het filmpje van de ambulancechauffeur. Wat doet hij allemaal? Kruis de *taken* aan.

- ☐ de auto besturen
- ☐ een rijbewijs
- ☐ de verkeersregels kennen
- ☐ de verpleegkundige helpen
- ☐ mensen naar het ziekenhuis brengen
- ☐ de patiënten in de ambulance tillen
- ☐ de ambulance controleren en repareren
- ☐ veel stress

1 resultaatkaart 2 resultaatkaart

## 3.2 Werkomstandigheden

De vetgedrukte woorden hierna zijn *werkomstandigheden*. Ze vertellen iets over de situatie op het werk. De werkgever moet zorgen voor gezonde en veilige werkomstandigheden.

- Een bakker werkt in een **warme** ruimte. Hij moet heel **vroeg** beginnen.
- In een fabriek is soms veel **lawaai**.
- Bij sommige beroepen draag je speciale **werkkleding** of een **uniform**.
- Een automonteur wordt **vies** van zijn werk.

### Opdracht 2

Kruis aan wat bij de werkomstandigheden van de ambulancechauffeur hoort.

- ☐ werkt in een team
- ☐ heeft altijd dezelfde werktijden
- ☐ draagt speciale werkkleding
- ☐ werkt altijd op één plaats
- ☐ is veel buiten
- ☐ heeft soms nachtdiensten
- ☐ heeft gevaarlijk werk

## 3.3 Speciale eisen

Voor sommige beroepen moet je een rijbewijs hebben. Voor andere beroepen moet je veel talen kunnen spreken. Bij welke beroepen heb je een zwemdiploma nodig? Dit noem je *speciale eisen*.

### Opdracht 3

Kruis aan welke speciale eisen bij het werk van de ambulancechauffeur horen.

- ☐ een rijbewijs hebben
- ☐ in de stad wonen
- ☐ goed kunnen communiceren
- ☐ een EHBO-diploma hebben
- ☐ altijd rustig blijven

- ☐ Italiaans spreken
- ☐ niet bang zijn voor grote hoogtes
- ☐ snel kunnen reageren
- ☐ een goede conditie hebben
- ☐ van dieren houden

## 3.4 Persoonlijke omstandigheden

De zoon van Carina is ziek. Elke woensdagmiddag moet ze met hem naar het ziekenhuis. Carina heeft parttimewerk gevonden in een winkel. Ze heeft haar baas verteld over haar zoon. Nu hoeft ze nooit op woensdagmiddag te werken.

Andrew is 35 jaar. Hij krijgt een uitkering van de gemeente. Hij moet snel werk zoeken. Hij kan dus niet elke dag naar school. 's Avonds studeren kan wel.

Elisabeth heeft geen rijbewijs. Ze woont in een klein dorp. Ze zoekt werk bij haar in de buurt waar ze met de fiets of met de bus naartoe kan.

Je kunt door *persoonlijke omstandigheden* soms niet elke baan of opleiding kiezen die je wilt.

## 3.5 Vacatures bekijken

### Opdracht 4

Bekijk samen de vacature die je gevonden hebt en stel elkaar vragen. Bijvoorbeeld:

- Welke taken heb je?
- Noem een paar werkomstandigheden.
- Welke specifieke eisen worden genoemd?
- Passen de werkomstandigheden en de specifieke eisen bij jouw persoonlijke omstandigheden? Waarom wel of niet?

Vraag een kopieerblad aan je docent en vul het schema in. Schrijf daarna je conclusie hier op.

Deze werkomstandigheden of speciale eisen zijn belangrijk voor mij:

1 ______________________________

2 ____________________

3 ____________________

Deze werkomstandigheden of speciale eisen wil ik per se niet:

1 ____________________

2 ____________________

3 ____________________

Met deze persoonlijke omstandigheden moet ik rekening houden:

1 ____________________

2 ____________________

3 ____________________

## 3.6 Mijn wensberoep

Je hebt nu veel informatie over jezelf verzameld:

- Je kent je eigenschappen of competenties.
- Je hebt drie favoriete beroepsactiviteiten gekozen. Je weet in welke sectoren deze beroepsactiviteiten passen.
- Ook heb je onderzocht welke werkomstandigheden en specifieke eisen belangrijk voor je zijn.
- En je weet met welke persoonlijke omstandigheden je rekening moet houden.

### Opdracht 5

Kies je top drie van beroepen. Welke beroepen passen bij jou?

1 ____________________

2 ____________________

3 ____________________

Kijk nog eens naar jouw woordspin aan het begin van hoofdstuk 2. Passen deze beroepen bij jou? Waarom wel of niet? Bespreek de opdracht in drietallen.
Welke van de drie past het best?

Dit is mijn gewenste beroep:

____________________

## Doen

1 Zoek op **www.nationaleberoepengids.nl** informatie over jouw wensberoep. Geef hier de volgende les een presentatie over.
Je kunt deze vragen gebruiken:

- Wat doe je precies?
- Welke competenties heb je nodig?
- Heb je een diploma nodig? Zo ja, van welke opleiding?
- Zijn er veel vacatures?
- Waarom past dit werk bij jou?

- Informatie over jouw wensberoep zoeken.
- Presentatie voorbereiden.
- Iemand interviewen.

2 Interview iemand die jouw wensberoep heeft. Welke vragen kun je stellen? Denk bijvoorbeeld aan opleiding, taken, werkomstandigheden, speciale eisen.

Schrijf een paar vragen op die je wilt stellen en maak een afspraak.

1 ______________________________

2 ______________________________

3 ______________________________

4 ______________________________

5 ______________________________

Hierna zie je wat je moet laten zien bij de eerste drie resultaatkaarten. Kun je dit? Vul dan de kaarten in. Je kunt de antwoorden uit dit boek gebruiken.
Via **www.inburgeren.nl** kun je de kaarten digitaal invullen.

Tip. Weet je nog niet welk beroep bij jou past? Praat dan met je docent.

**RESULTAATKAART 1**

Heb je voldoende informatie over beroepenoriëntatie? Vul dan de resultaatkaart in.
Je laat zien:

- dat je weet welke beroepen in Nederland bij jou passen en dat je een van deze beroepen kiest;
- dat je weet welke sectoren of branches bij jouw wensberoep horen;
- dat je weet of een diplomawaardering, een ION of een EVC-traject voor jou nodig is.

**RESULTAATKAART 2**

Heb je voldoende informatie over een realistisch beroepsbeeld? Vul dan de resultaatkaart in.

Je laat zien:

- dat je weet welke taken je hebt in jouw wensberoep;
- dat je weet welke werkomstandigheden bij dit beroep passen;
- dat je weet welke speciale eisen dit werk aan je stelt;
- dat je weet dat het beroep bij jouw persoonlijke omstandigheden past.

**RESULTAATKAART 3**

Heb je voldoende informatie over eigenschappen en competenties? Vul dan de resultaatkaart in.

Je laat zien:

- welke eigenschappen of competenties belangrijk zijn voor werken in Nederland;
- welke eigenschappen of competenties belangrijk zijn voor je wensberoep;
- welke van deze eigenschappen of competenties je hebt en welke je (nog) niet hebt.

## WOORDENLIJST

- Lees de woorden. Je kunt de lijst zelf langer maken.
- Welke woorden ken je? Zet daar een kruisje voor.
- Welke woorden ken je niet? Lees de betekenis en schrijf de vertaling erachter.
- Lees de woorden nog eens hardop. Vind je de uitspraak moeilijk? Zet dan een streep onder de lettergreep met de klemtoon (het accent).

☐ **Aantoonbare kennis** ____________________

Met een certificaat of diploma heb je aantoonbare kennis van een cursus. Je kunt laten zien dat je de cursus hebt gedaan. *In deze vacature wordt aantoonbare kennis gevraagd van een boekhoudprogramma.*

☐ **Bereid zijn** ____________________

Iets willen doen. *'Ben jij bereid om in het weekend te werken?' 'Ja, dat is voor mij geen probleem.'*

☐ **Fysiek intensief werk** ____________________

Lichamelijk zwaar werk. *Iemand die tuinen aanlegt, doet fysiek intensief werk. Met zand en stenen sjouwen is lichamelijk zwaar.*

☐ **Onregelmatige werktijden** ____________________

*Ik heb kleine kinderen. Onregelmatige werktijden zijn voor mij niet handig. 's Avonds en in het weekend wil ik thuis zijn.*

☐ **Persoonlijke omstandigheden** ____________________

Privésituatie. *Zij moet elke woensdagmiddag met haar kind naar het ziekenhuis. Door deze situatie (door haar persoonlijke omstandigheden) kan zij die middag nooit werken.*

☐ **(Een) pre** ____________________

Het is een voordeel, een pluspunt. *Kennis van de Duitse taal is een pre.*

☐ **Realistisch beroepsbeeld** ____________________

Je weet of een beroep bij jou past. *Hij wil graag trainer worden van het Nederlands voetbalelftal. Dat is zijn droom. Maar hij kan zelf niet voetballen. Voetbaltrainer is daarom geen realistisch beroepsbeeld.*

☐ **Regelmatige werktijden** ____________________

*Een baan van 9 tot 17 uur is voor mij het prettigst. Regelmatige werktijden passen bij mij.*

☐ **Speciale eisen** ____________________

Eisen die niet voor alle beroepen nodig zijn. *Voor deze vacature zoekt men iemand die rijbewijs B heeft.*

☐ **Taken** ____________________

Alle activiteiten die je doet. *De taken van een huisarts zijn onder andere: patiënten onderzoeken, recepten uitschrijven en contact opnemen met specialisten van het ziekenhuis.*

☐ **Werkomstandigheden** ____________________

*Ik werk graag buiten en ik houd van fysiek zwaar werk. Deze werkomstandigheden passen bij mij.*

Mijn moeilijke woorden:

________________________________________

________________________________________

________________________________________

## VOCABULAIRE EN VAARDIGHEDEN

Bij opdracht 6 en 8 oefen je met werkomstandigheden en speciale eisen. Opdracht 7 is een oefening met andere moeilijke woorden uit het hoofdstuk. Bij opdracht 9 bekijk je een vacature en doe je daar een oefening bij.

### Opdracht 6

Welke werkomstandigheden en speciale eisen horen bij deze beroepen? Sommige woorden passen bij verschillende beroepen. Kruis daarna de speciale eisen aan.

**onregelmatige werktijden – talenkennis – kennis van wetten en regels – kennis van regels over hygiëne – buiten werken – avondwerk – nachtdienst – zwaar lichamelijk werk – goede schriftelijke taalvaardigheid – rijbewijs – kennis van speciale computerprogramma's – zwemdiploma – tractorrijbewijs – gevaarlijk werk – speciale kleding**

**archeoloog**

______________________

______________________

______________________

______________________

**accountant**

______________________

______________________

______________________

______________________

**chef-kok**

**boer**

**acrobaat**

**duiker**

1 resultaatkaart

2 resultaatkaart

## Opdracht 7

Lees om de beurt een vraag, de ander geeft antwoord. Vind je dit moeilijk? Vraag aan je docent kaartjes met vragen en antwoorden.

1 Ben jij bereid om in het weekend te werken?
2 Heb jij aantoonbare kennis van de Engelse taal?
3 Vind jij het een pre als je baan in je woonplaats is? Of heeft het ook nadelen om dicht bij je werk te wonen?
4 Houd je van fysiek intensief werk? Noem een paar banen waar je zwaar lichamelijk werk doet.
5 Mariam is niet naar de les gekomen vanwege persoonlijke omstandigheden. Weet jij waarom ze er niet is? Noem drie mogelijke redenen.
6 Ik ben 55 en ik wil graag astronaut worden. Is dat een realistisch beroepsbeeld? Waarom wel of niet?
7 Welke speciale eisen worden aan een profvoetballer gesteld?
8 Wat zijn de taken van een contactpersoon bij de gemeente?
9 Welke werkomstandigheden zijn voor jou ideaal?

## Opdracht 8

Wil je nog een oefening doen over werkomstandigheden? Vraag het kopieerblad aan je docent over tegenstellingen zoeken.

## Opdracht 9

De docent heeft nog een oefening: taken, werkomstandigheden en speciale eisen zoeken in een vacature. Wil je die doen? Vraag dan het kopieerblad aan je docent. Je doet de oefening met een klein groepje.

C Meer oefenen? Ga naar de website voor een interactieve oefening.

# 4

# Beroepskansen

Op de markt zie je niet altijd dezelfde kramen en producten. In de winter zijn er geen aardbeien, in de zomer wordt er minder kool verkocht. Ook de arbeidsmarkt is niet altijd hetzelfde. Is er veel werk voor mensen met een technische opleiding? Dan zeggen we: het *arbeidsperspectief* voor deze beroepen is groot. Er zijn veel vacatures. Als het arbeidsperspectief klein is, heb je minder kans op een baan. Er zijn dan weinig vacatures. Je kunt een beroep kiezen waarin veel vacatures zijn. Ben je heel gemotiveerd om werk te vinden in een beroep met weinig vacatures? Dan lukt dat misschien ook!

Het arbeidsperspectief is niet overal in Nederland hetzelfde. In Rotterdam is ander werk dan in de provincie Drenthe. In een gebied waar veel steden zijn, is vaak meer werk dan op het platteland.

Na dit hoofdstuk kun je resultaatkaart 4 invullen.

## 4.1 Beroepen met arbeidsperspectief

Er zijn allerlei websites waar je vacatures kunt vinden. Per *regio* zie je in welke sectoren veel of weinig werk is. Dit kan bijvoorbeeld op de website **www.werk.nl** van het UWV (Uitvoeringsinstituut Werknemersverzekeringen) of **www.nuwerk.nl**. Maar ook de websites van uitzendbureaus en andere vacaturesites geven deze informatie.

### Opdracht 1

Bespreek met de hele groep welke vacaturesites jullie kennen. Schrijf er zo veel mogelijk op.

www.werk.nl

Ben je nog niet zo handig met internet? Doe de volgende opdrachten dan samen met iemand die dat wel is.

## Opdracht 2

Kijk op **www.werk.nl**. Welke onderwerpen op deze website zijn voor jou interessant? Schrijf er een paar op.

Op deze website staan ook tips voor mensen die gaan solliciteren. Wat is voor jou een goed advies? Je hoeft geen hele zinnen te schrijven. Noteer alleen een paar belangrijke woorden.

## Opdracht 3

Kies een vacaturesite. Vul je postcode in of kies een regio en bepaal hoeveel kilometer je wilt reizen (vul nog geen beroep of trefwoord in). Hoeveel vacatures heb je gevonden?

Kies daarna een paar sectoren.
Vul het schema in.

| | |
|---|---|
| In welke sector of sectoren is er veel werk? | |
| In welke sector wil jij werken? | |
| Wat is jouw wensberoep? | |
| Hoeveel vacatures van jouw wensberoep zijn er in jouw regio? | |

## Opdracht 4

Bespreek met elkaar welke informatie je hebt gevonden bij opdracht 2 en 3. Stel elkaar bijvoorbeeld deze vragen:

- Op welke websites heb je gekeken?
- Welke informatie vond jij interessant?

- Hoe is het arbeidsperspectief van jouw wensberoep? (Is er veel of weinig werk in jouw wensberoep?)
- Welke sollicitatietips heb je gevonden?

## 4.2 Beroepskansen met een mbo-opleiding

Zoek je een mbo-opleiding? Op de website **www.s-bb.nl** staat informatie over mbo-opleidingen met veel en weinig beroepskansen in jouw regio. Je kunt door de opleidingen scrollen, je kunt ook een zoekwoord en regio opgeven, bijvoorbeeld het beroep gastheer in Groningen. Je ziet dan of je veel of weinig kans op werk hebt. Van de meeste beroepen kun je een filmpje bekijken.

### Opdracht 5

- Ga naar **www.s-bb.nl**. Is er een opleiding die past bij jouw wensberoep en niveau? Schrijf de opleiding dan in het schema. Is er ook een filmpje van jouw wensberoep?
- Vul ook twee andere opleidingen in met (meer dan) voldoende kans op werk.
- Bij welke opleidingen is er weinig kans op werk in jouw regio?

Je ziet eerst een voorbeeld van de regio Groningen.

| naam opleiding | niveau | beroepsgroep | kans op werk |
|---|---|---|---|
| gastheer/-vrouw | 2 | horeca | voldoende |
| | | | |
| | | | |
| | | | |
| | | | |

Tip: Ook via **www.werk.nl/arbeidsmarktinformatie** vind je informatie over beroepskansen voor hoger en lager opgeleiden.

## 4.3 Mijn arbeidsperspectief

### Opdracht 6

Mijn wensberoep is: ____________________________________

Er zijn veel/weinig vacatures in mijn regio van mijn wensberoep.

Wat doe je als er weinig vacatures zijn? Kruis aan wat bij jou past.

- ☐ Ik ga toch werk zoeken in mijn wensberoep.
- ☐ Ik wil reizen en kijk of verder weg meer vacatures zijn.
- ☐ Ik kies een ander beroep. Dit is mijn tweede wensberoep:

  ____________________________________
- ☐ Ik kies een ander beroep, maar weet nog niet welk.
- ☐ Anders: ____________________________________

### Opdracht 7

Werk samen. Zoek ieder twee vacatures die je interessant vindt en die bij jou passen. Print ze uit of maak een scan. Presenteer ze. Vraag elkaar bijvoorbeeld:

- Welke opleiding heb je nodig?
- Moet je ver reizen?
- Wat zijn de werkomstandigheden?
- Welke competenties worden gevraagd?
- Waarom past deze vacature bij jou?
- Zijn er veel vacatures van dit beroep?

### Doen

Zoek op internet welke uitzendbureaus er bij jou in de buurt zijn. Ga in twee- of drietallen naar een uitzendbureau. Kijk in de etalage of ga naar binnen en vraag om informatie. Van welke beroepen zijn er veel vacatures?

- Naar een uitzendbureau gaan.
- Uitzoeken: is er veel of weinig werk?
- Twee vacatures van jouw wensberoep zoeken.

**RESULTAATKAART 4**

Heb je voldoende informatie over beroepskansen? Ga naar **www.inburgeren.nl** en vul de resultaatkaart in.

Je laat zien:

- waar je kunt zoeken naar vacatures voor je wensberoep;
- hoe je weet of er genoeg werk is in dit beroep;
- wat je gaat doen als er weinig werk is.

Tip: Bij deze resultaatkaart moet je twee vacatures van jouw wensberoep meesturen.

Het is belangrijk dat je alle woorden begrijpt die in de vacatures staan. De examinator zal hier vragen over stellen. Schrijf de moeilijke woorden onder aan de woordenlijst. Zorg dat je de betekenis kent en dat je ze kunt gebruiken.

## WOORDENLIJST

- Lees de woorden. Je kunt de lijst zelf langer maken.
- Welke woorden ken je? Zet daar een kruisje voor.
- Welke woorden ken je niet? Lees de betekenis en schrijf de vertaling erachter.
- Lees de woorden nog eens hardop. Vind je de uitspraak moeilijk? Zet dan een streep onder de lettergreep met de klemtoon (het accent).

☐ **Aannemen** ____________________

Een contract geven aan nieuwe werknemers. *Dit bedrijf heeft deze maand drie nieuwe werknemers aangenomen.*

☐ **Arbeidsperspectief** ____________________

Kansen op de arbeidsmarkt. *Het arbeidsperspectief voor een schoonmaker is goed. Er zijn veel vacatures voor dit werk.*

☐ **Bezit – in het bezit zijn van** ____________________

Iets wat van jou is. *Ik ben in het bezit van een ov-kaart. Ik heb een kaart voor het openbaar vervoer.*

☐ **Carrière** ____________________

Loopbaan. *Deze cursus is goed voor mijn carrière. Zo kan ik een hogere functie krijgen bij mijn bedrijf.*

☐ **Leergierig** ______________________________________

Graag nieuwe dingen willen leren. *Ben jij leergierig? Dan is deze baan iets voor jou!*

☐ **Ontslag – ontslagen** ______________________________________

Ontslag nemen: je gaat weg bij je werkgever. Ontslag krijgen: je moet weg van je werkgever. *Hij heeft geld gestolen uit de kassa. Zijn baas heeft hem meteen, op staande voet, ontslagen.*

☐ **Opleidingsrichting of studierichting**

______________________________________

Opleidingen of studies in dezelfde sector. *Weet je al welke studierichting je kiest? Nog niet precies. Ik wil graag met dieren werken.*

☐ **Regio** ______________________________________

De regio (omgeving) is groter dan de buurt. *In mijn regio is veel werk in de tuinbouw.*

☐ **Tijdelijk werk** ______________________________________

Er staat een einddatum in het contract. *Dit werk is tijdelijk. Ik werk tot juni volgend jaar, dan stopt mijn contract.*

☐ **Vaste baan** ______________________________________

Een contract zonder einddatum. *Ze is blij met deze vaste baan!*

☐ **Vervoer** ______________________________________

*Hij heeft eigen vervoer. Hij gaat met zijn eigen auto naar zijn werk.*

☐ **Wisselende werktijden** ______________________________________

*Ik houd van wisselende werktijden. Soms werk ik in het weekend. Dan ben ik door de week vrij.*

Mijn moeilijke woorden:

____________________________________________________________

____________________________________________________________

____________________________________________________________

Woorden uit mijn vacatures:

____________________________________________________________

____________________________________________________________

## VOCABULAIRE EN VAARDIGHEDEN

Je oefent met de moeilijke woorden uit het hoofdstuk en uit een arbeidscontract.

### Opdracht 8

Vraag een kopieerblad aan je docent. Zoek de zinnen die bij elkaar horen. Daarna leest cursist A een zin links en cursist B leest de goede zin rechts.

### Opdracht 9

Welke woorden horen bij 'werk zoeken' en welke bij 'werken'? Schrijf ze in de goede kolom. Sommige woorden passen bij allebei.

**vacature – arbeidsperspectief – onregelmatige werktijden – vast contract – ontslagen worden – www.werk.nl – solliciteren – aangenomen worden – regelmatige werktijden – reistijd – arbeidsmarkt – sollicitatiegesprek – collega's – parttime – fulltime**

| werk zoeken | werken |
| --- | --- |
| | |
| | |
| | |
| | |
| | |
| | |
| | |
| | |

## Opdracht 10

Maak met een kleine groep een woordspin over 'beroepskansen'. Aan welke woorden denk je als je dit woord leest?

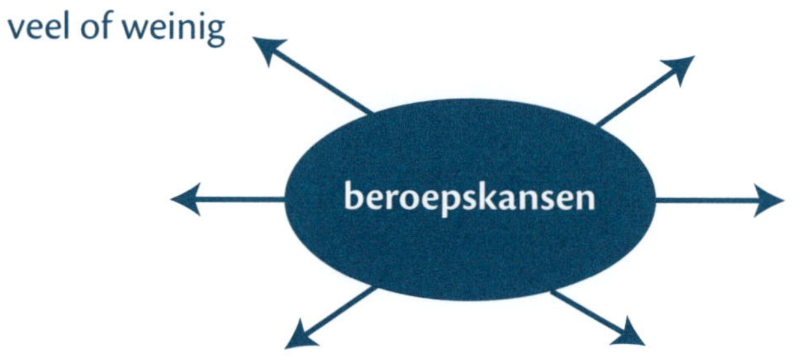


**Figuur 4.1 Woordspin beroepskansen**

C Meer oefenen? Ga naar de website voor een interactieve oefening.

# 5 Beroepscompetenties

Bij elk beroep heb je kennis (theorie) en vaardigheden (praktijk) nodig. In een vacature lees je bijvoorbeeld: 'Functie-eisen: een afgeronde mbo-opleiding', of er staat: 'We zoeken iemand met goede mondelinge en schriftelijke vaardigheden'.
Voor veel beroepen heb je een diploma nodig. Maar dat is niet alles. Heb je veel contact met klanten? Dan moet je goed Nederlands spreken. Als je accountant wilt worden, moet je van cijfers houden.

In dit hoofdstuk kijk je welke opleiding je nodig hebt voor jouw wensberoep. Ook onderzoek je welke taalvaardigheden je goed moet kennen.

De afkortingen van de verschillende soorten onderwijs staan in een aparte woordenlijst aan het eind van het hoofdstuk.

Resultaatkaart 5 hoort bij dit hoofdstuk.

## 5.1 Onderwijs

Na groep 8 van de basisschool maken kinderen een keuze voor het voortgezet onderwijs: praktijkschool, vmbo, havo of vwo. Als ze een diploma hebben van het voortgezet onderwijs, kunnen ze kiezen tussen:

- mbo (middelbaar beroepsonderwijs, duurt 1-4 jaar)
- hbo (hoger beroepsonderwijs, duurt 4 jaar)
- wo (wetenschappelijk onderwijs, de universiteit, duurt 4 of 5 jaar)

In een schema ziet dat er zo uit.

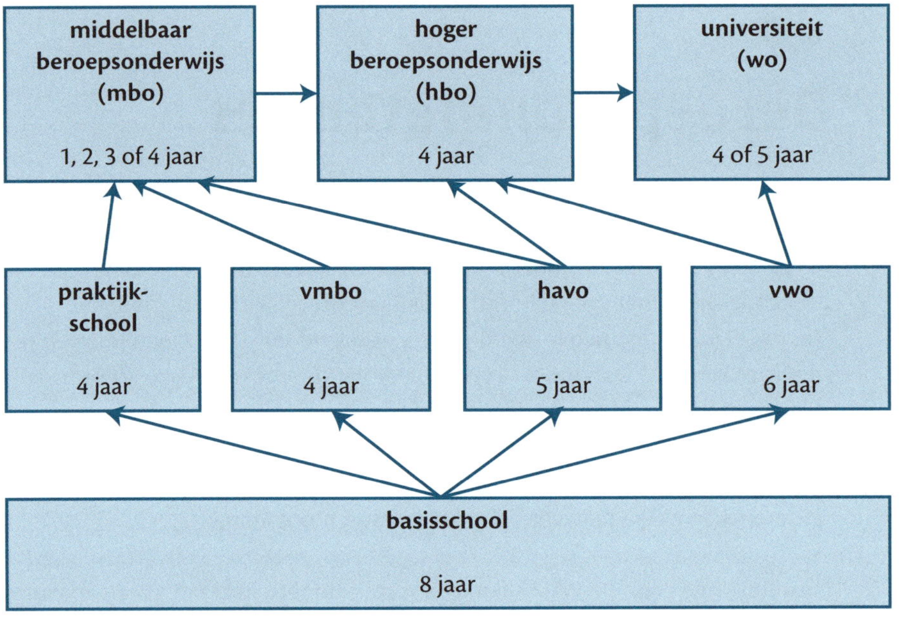


**Figuur 5.1 Het onderwijs in Nederland**

## Onderwijs voor volwassenen

Ook volwassenen kunnen een opleiding doen aan het mbo, het hbo of de universiteit. Heb je geen diploma van het voortgezet onderwijs? Dan krijg je een *intakegesprek* en een toets of examen. Als je motivatie goed is en je een voldoende haalt, kun je een opleiding gaan doen.
Op het vavo (niet in het schema) kunnen volwassenen een diploma voor vmbo, havo of vwo halen. Ook jongeren die geen diploma hebben gehaald van het voortgezet onderwijs proberen hier vaak alsnog hun diploma te halen.

Inburgeringscursussen en NT2-cursussen zijn voor volwassenen. Je moet *minimaal* 18 jaar zijn om hieraan mee te doen.

## Voorbereidend jaar

Wil je een opleiding aan het hbo of de universiteit gaan doen? Dan kun je een voorbereidend jaar (schakeljaar) doen. Je krijgt dan vakken op havo- of vwo-niveau die je bij je studie nodig hebt. Op de website van Stichting voor Vluchteling-Studenten UAF kun je een lijst vinden van scholen en universiteiten waar dit kan (**www.uaf.nl**).

### Opdracht 1

Lees om de beurt een zin. De ander kiest: waar of niet waar.

| | | |
|---|---|---|
| 1 | Het vmbo duurt zes jaar. | waar/niet waar |
| 2 | Met een havodiploma kun je naar het mbo. | waar/niet waar |
| 3 | Op het wo leren studenten een beroep. | waar/niet waar |
| 4 | Na een hbo-opleiding kun je naar de universiteit. | waar/niet waar |
| 5 | Sommige mbo-opleidingen duren één jaar. | waar/niet waar |
| 6 | Sommige mbo-opleidingen duren vier jaar. | waar/niet waar |
| 7 | Na de havo kunnen jongeren naar het hbo. | waar/niet waar |
| 8 | Volwassenen kunnen studeren aan het mbo. | waar/niet waar |

### Opdracht 2

Werk in tweetallen. Beantwoord de vragen mondeling.

1 Na groep 8 van de basisschool maken kinderen een keuze voor het voortgezet onderwijs. Welke scholen kunnen ze kiezen?

2 Naar welke opleiding kun je met een vmbo-diploma? En naar welke opleiding kun je na de havo en het vwo?

3 Na de studie aan een universiteit kun je veel verschillende beroepen kiezen. Ken je een paar voorbeelden?

4 Welk diploma hebben jongeren nodig die aan de universiteit willen studeren? Twee antwoorden zijn goed.

5 Ook volwassenen kunnen studeren. Wat kun je doen als je geen diploma's kunt laten zien?

### Opdracht 3

Je krijgt foto's van beroepen van je docent. Bespreek met elkaar welke opleiding je nodig hebt voor de beroepen op de foto's: mbo, hbo of universiteit? Soms zijn meerdere antwoorden mogelijk.

## 5.2 Wat past bij mij?

Ook volwassenen kunnen studeren. Het is belangrijk dat je een opleiding kiest die bij jouw persoonlijke omstandigheden past. Wil je nog vier jaar studeren? Of kies je liever een korte cursus?

## Studeren kost geld

Elke opleiding of cursus kost geld. Soms moet je dat zelf betalen. Dat kan als jij of je partner werkt en je voldoende inkomen hebt.
Misschien kun je *studiefinanciering* van *DUO* krijgen of geld lenen. Kijk op **www.duo.nl** voor meer informatie.
De UAF helpt vluchtelingen soms om een opleiding te betalen. Met het geld van DUO of de UAF kun je een deel van je studie betalen. Je moet ook zelf nog geld hebben voor extra studiekosten en om van te leven. Denk daar goed over na. Kun je werken als je studeert? Heb je een uitkering? Je moet dan altijd met de contactpersoon van de gemeente praten. Mag je een studie of cursus doen?

## Taal en rekenen

De meeste opleidingen zijn in het Nederlands. Je moet studieboeken lezen, met cursisten en docenten praten en verslagen schrijven.
Vraag bij de school welk taalniveau je nodig hebt.

- Bij sommige mbo-opleidingen wordt Staatsexamen I gevraagd (B1, niveau 2F heet dat bij een mbo-opleiding).
- Voor andere mbo-opleidingen is A2 (1F) voldoende.
- Voor een hbo- of wo-studie heb je het niveau van Staatsexamen II (B2 of 3F) of C1 (4F) nodig.

Soms is rekenen belangrijk. Als je in een laboratorium wilt werken bijvoorbeeld en bij veel technische beroepen.
Heb je geen diploma van het voortgezet onderwijs in Nederland? Dan krijg je altijd een intakegesprek en moet je een toets of examen maken.

## Studeren op het mbo

Een mbo-opleiding doe je op een roc of bij een ander instituut. Je kunt kiezen voor een fulltime- of parttimestudie.
Bij een fulltimestudie ga je vier dagen per week naar school en loop je één dag stage bij een bedrijf. Dit heet een beroepsopleidende leerweg: bol.
Bij een parttimestudie werk je vier dagen en ga je één dag per week naar school. Je moet meestal zelf betaald werk zoeken. Dit heet een beroepsbegeleidende leerweg: bbl. Je kunt zelf je opleiding betalen. Of misschien betaalt je werkgever de opleiding voor je.

## Een korte cursus

Bij sommige roc's en andere instellingen kun je korte cursussen doen.
Je kunt ook thuis via de computer studeren. Dit heet *afstandsleren*. Je doet de cursus zelfstandig en in je eigen tempo.

## Zelfstudie

*Zelfstudie* is de tijd die je thuis studeert. Bij afstandsleren is bijna alles zelfstudie. Als je naar school gaat, moet je huiswerk maken. Een gedeelte van de opleiding is dan zelfstudie.

## Stage

Bij elke mbo-opleiding moet je stage lopen of werken. Soms helpt de school om een stageplaats te vinden, maar vaak moet je die zelf zoeken.
Je kunt ook een stage doen om je Nederlands te verbeteren of om werkervaring te krijgen.
Een stage is ook werkervaring. Net als opleiding en werk kun je een stage op je cv zetten.

## Vrijwilligerswerk

Wil je geen opleiding doen, maar wel je Nederlands verbeteren? Of je kansen op de arbeidsmarkt vergroten? Dan is vrijwilligerswerk of een *werkervaringsplaats* misschien iets voor jou.

### Opdracht 4

Je krijgt een opdracht van de docent over woorden en zinnen uit paragraaf 5.1 en 5.2.

### Opdracht 5

Kruis aan wat bij jou past. Soms kun je meer antwoorden kiezen.

**Fulltime of parttime?**

- ☐ Ik wil fulltime studeren.
- ☐ Ik wil parttime studeren.
- ☐ Ik wil een korte cursus doen.
- ☐ Anders, namelijk: ____________________

**Wat is je taalniveau?**

☐ Mijn taalniveau is onder A2 (onder 1F).

☐ Ik heb A2 (1F).

☐ Ik heb B1 (2F).

☐ Ik heb B2 (3F).

☐ Ik heb C1 (4F).

☐ Ik heb een diploma of certificaat voor dit taalniveau.

**Wat is je rekenniveau?**

☐ Ik heb A2 (1F).

☐ Ik heb B1 (2F).

☐ Ik heb B2 (3F).

☐ Ik heb C1 (4F).

☐ Ik heb een diploma of certificaat voor dit rekenniveau.

☐ Ik ken mijn rekenniveau niet.

**Wat zoek je?**

☐ Ik zoek een korte cursus.

☐ Ik zoek een opleiding of cursus op taalniveau A2.

☐ Ik zoek een mbo-opleiding.

☐ Ik zoek een hbo-opleiding.

☐ Ik zoek een wo-opleiding.

☐ Ik zoek een stage.

☐ Ik zoek werk en heb geen opleiding of cursus nodig. (Je kunt verder met opdracht 6.)

☐ Anders, namelijk ______________________________

**Wie betaalt?**

☐ Ik betaal de opleiding zelf.

☐ Ik wil een bbl-opleiding doen. Mijn werkgever betaalt of ik betaal zelf.

☐ Ik kan studiefinanciering aanvragen.

☐ Ik kan geld lenen.

☐ De UAF helpt mij.

- ☐ De sociale dienst betaalt.
- ☐ Mijn werkgever betaalt.
- ☐ Ik weet nog niet hoe ik de opleiding moet betalen.

**Sectoren**
Ik zoek een opleiding, cursus of stage in deze sector of sectoren:

________________________________________

________________________________________

________________________________________

**Beroepen**
Ik zoek een opleiding, cursus of stage die past bij mijn wensberoep. Dit is mijn wensberoep: ______________________________

## 5.3 Werk en taal

Ook op je werk gebruik je taal. Je praat met collega's en klanten, en soms moet je lezen en schrijven.

### Opdracht 6

Maak samen een woordspin over 'werk en taal'. Met wie praat je? Wat moet je lezen? Wat moet je schrijven?

**Figuur 5.2 Woordspin werk en taal**

Zet de woorden uit de woordspin in de goede kolom op de volgende pagina.

| spreken en luisteren | lezen | schrijven |
| --- | --- | --- |
| | contract | |
| | | |
| | | |
| | | |

### Opdracht 7

Bespreek wat je in het Nederlands moet kunnen bij jouw wensberoep.
Schrijf dat op. Kruis aan wat je al goed kunt.

- ☐ ______
- ☐ ______
- ☐ ______
- ☐ ______
- ☐ ______

Dit moet ik nog leren voor mijn wensberoep:

- ______
- ______
- ______
- ______
- ______

## 5.4 Informatie zoeken

Er zijn veel manieren om informatie te vinden over opleidingen.

- Bezoek een *open dag* van de school of universiteit. Zoek op internet wanneer die is en meld je aan.
- Maak een afspraak met de *studieadviseur*.
- Praat met een student. Vaak kan dat op een open dag. Of misschien ken je (via via) iemand.
- Soms kun je een dag meelopen met een student. Je gaat dan naar de lessen.
- Gebruik internet. Kijk op de website van de school of universiteit.

## Zoeken op internet

Op de website **www.roc.nl** vind je informatie over opleidingen en cursussen in heel Nederland. Je kunt hier ook stageplaatsen zoeken of filmpjes bekijken over beroepen en opleidingen. De vragen bij de volgende opdracht gaan over deze website.
Wil je:

- filmpjes bekijken over beroepen of opleidingen? Doe dan opdracht 8.
- informatie vinden over opleidingen? Maak dan opdracht 9.
- informatie vinden over korte cursussen? Doe dan opdracht 10.
- weten wanneer er een open dag is bij een school of universiteit? Schrijf dat op bij opdracht 11.

### // Opdracht 8

Ga naar **www.roc.nl** en bekijk vier filmpjes over beroepen en opleidingen.

| Deze filmpjes heb ik bekeken: | Ik vond het wel/niet interessant, want: |
|---|---|
| ______________________ | ______________________ |
| ______________________ | ______________________ |
| ______________________ | ______________________ |
| ______________________ | ______________________ |
| ______________________ | ______________________ |
| ______________________ | ______________________ |

### // Opdracht 9

Ga op zoek naar informatie over opleidingen. Kijk op **www.roc.nl** en zoek een school bij jou in de buurt. Je kunt ook op de website van de school of universiteit kijken.

1 Zoek informatie over de opleiding(en) die jij wilt doen.
2 Vul het schema in. Er zijn al twee voorbeelden ingevuld.

*Voorbeeld 1*

| opleiding | niveau | duur | fulltime (bol)<br>parttime (bbl) | kosten |
|---|---|---|---|---|
| administratief medewerker | mbo 2 | 2 jaar | bol<br>bbl | € 1.131<br>€ 235 |

*Voorbeeld 2*

| opleiding | niveau | duur | fulltime (bol) parttime (bbl) | kosten |
|---|---|---|---|---|
| technische informatica | hbo | 4 jaar | fulltime | € 1.951 |

*Mijn opleiding(en)*

| opleiding | niveau | duur | fulltime (bol) parttime (bbl) | kosten |
|---|---|---|---|---|
| | | | | |
| | | | | |

Bij deze school of universiteit kan ik de opleiding doen: ______________________

E-mail: ______________________

Telefoonnummer: ______________________

## Opdracht 10

Ga op zoek naar informatie over cursussen. Kijk op **www.roc.nl** en zoek een school bij jou in de buurt. Je kunt ook meteen op de website van de school kijken.

1 Bekijk de cursussen die je interessant vindt.

2 Vul het schema in. Er is al een voorbeeld ingevuld.

| opleiding | niveau | duur | fulltime/ parttime | kosten |
|---|---|---|---|---|
| assistent-manager | mbo | minimaal 9 maanden | parttime, afstandsleren | € 249 |
| | | | | |
| | | | | |

Bij deze school kan ik de opleiding doen: ______________________

E-mail: ______________________

Telefoonnummer: ______________________

### Opdracht 11

Wil je weten wanneer een school bij jou in de buurt een open dag heeft? Kijk op de website van de school.

Naam school: ______________________________

Op deze datum is de open dag: ____________________ Tijd: __________________

Is aanmelden nodig? ja/nee

### Opdracht 12

Wil je een opleiding gaan doen? Zoek dan iemand die deze opleiding al doet. Stel vragen over de opleiding. Wat wil je weten? Schrijf een paar vragen op.

______________________________________________________________________

______________________________________________________________________

______________________________________________________________________

______________________________________________________________________

______________________________________________________________________

### Opdracht 13

Vertel elkaar welke informatie je hebt opgezocht en wat je met deze informatie gaat doen.

## 5.5 Welke stappen moet je nemen?

Als je een opleiding wilt volgen, moet je meestal veel dingen regelen. Het is dan handig om een stappenplan te maken.

Hierna zie je het stappenplan van Shewit. Ze is 24 jaar. In Eritrea deed ze de opleiding voor accountant. Ze liet haar diploma waarderen: het is vergelijkbaar met een mbo-3-opleiding voor assistent-accountant.

## Opdracht 14

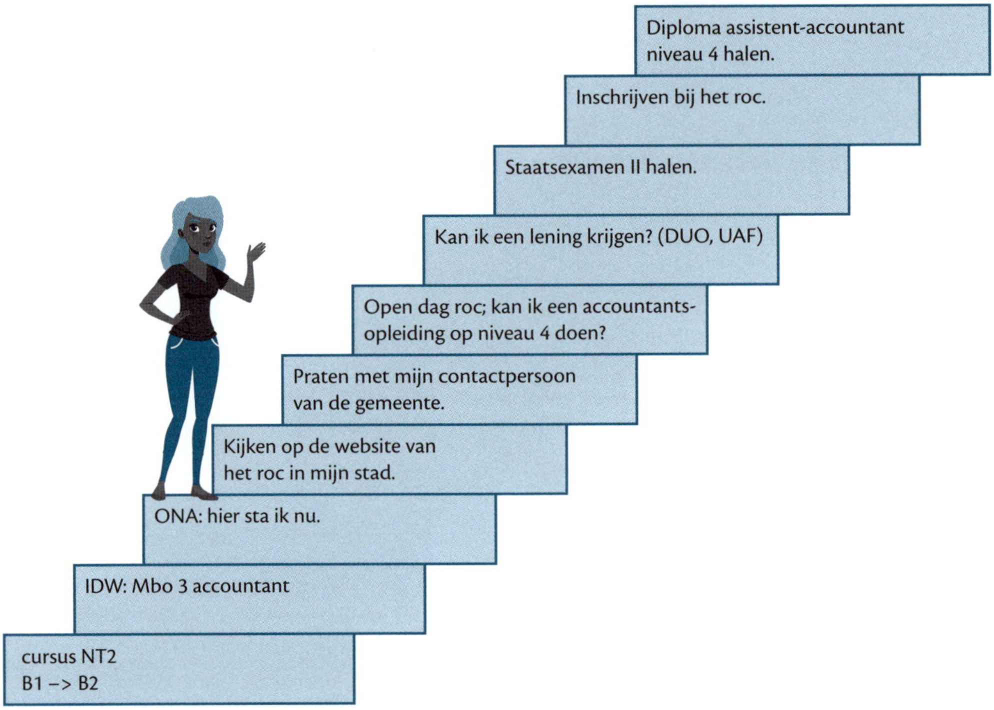


**Figuur 5.3 Shewits stappenplan in beeld**

Bekijk de trap. Welke stappen gaat Shewit zetten?
Bespreek samen: wat kan ze doen als ze geen toestemming van de gemeente krijgt om een opleiding te volgen met haar uitkering?

## C Opdracht 15

Bekijk het filmpje op de website. Bespreek met de groep: welke stappen hebben deze ondernemers gezet?

## Opdracht 16

Maak je eigen stappenplan. Vul jouw stappen in op de trap in figuur 5.4. Wat is je doel? Schrijf dat bovenaan. Welke stappen heb je al gezet? Schrijf ze op de eerste treden van de trap. Waar sta je nu? Welke stappen moet je nog zetten? Wanneer ga je dat doen? Presenteer daarna in een kleine groep jouw stappenplan.

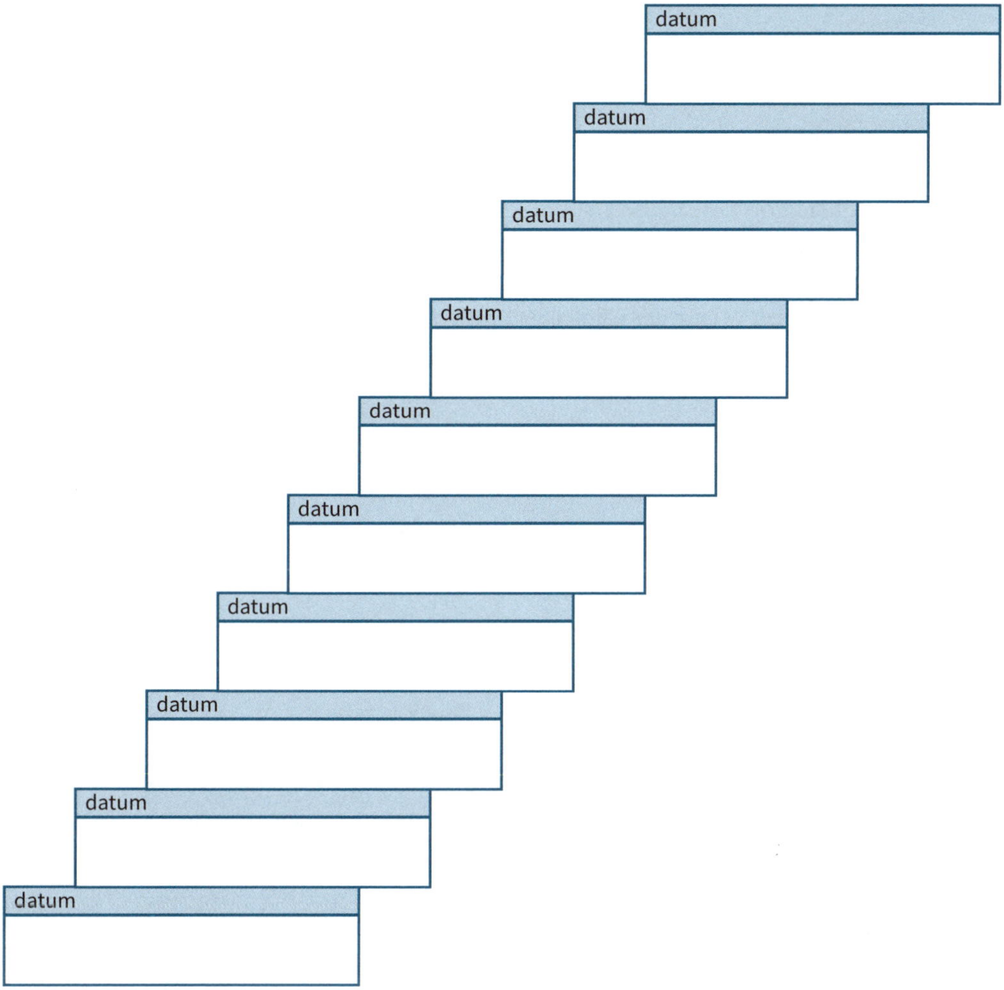


**Figuur 5.4** **Je eigen stappenplan**

## Doen

**RESULTAATKAART 5**

Heb je voldoende informatie over beroepscompetenties?
Ga naar **www.inburgeren.nl**, download de resultaatkaart en vul hem in.
Je laat zien:

- dat je weet welke opleiding of cursus bij jou en je wensberoep past;
- dat je informatie over cursussen en opleidingen kunt vinden;
- dat je weet welke toelatingseisen (diploma of taalniveau) er zijn voor de opleiding of cursus;
- dat je weet waar je je taalniveau kunt verhogen.

Tijdens het examen bespreekt de examinator de informatie van resultaatkaart 4 en 5 met je. Klopt alles wat je opgeschreven hebt? Zijn de keuzes die je gemaakt hebt realistisch? Als je bijvoorbeeld voor je wensberoep een opleiding nodig hebt, weet je dan zeker dat je die opleiding kunt doen? Misschien heb je een uitkering. Heb je aan jouw contactpersoon van de gemeente gevraagd of je een opleiding mag doen?

## WOORDENLIJST

- Lees de woorden. Je kunt de lijst zelf langer maken.
- Welke woorden ken je? Zet daar een kruisje voor.
- Welke woorden ken je niet? Lees de betekenis en schrijf de vertaling erachter.
- Lees de woorden nog eens hardop. Vind je de uitspraak moeilijk? Zet dan een streep onder de lettergreep met de klemtoon (het accent).

☐ **Afstandsleren** ______________________

Je doet een opleiding of cursus via de computer. Je hebt contact met een docent per e-mail of skype.

☐ **Decaan** ______________________

Een decaan of studieadviseur werkt op een school. Hij geeft advies over welke studie bij jou past. Je kunt ook met een decaan praten als je problemen hebt.

☐ **DUO** ______________________

Dienst Uitvoering Onderwijs: bij DUO kun je studiefinanciering aanvragen of een lening. DUO organiseert ook het inburgeringsexamen.

☐ **Instructies** ______________________

Een collega vertelt jou wat je moet doen. Ze geeft jou instructies. *Als je een apparaat koopt, krijg je daar een instructie bij: de gebruiksaanwijzing. Je leest dan precies hoe het werkt.*

☐ **Intakegesprek** ______________________________

Een kennismakingsgesprek. *Bij een intakegesprek op een school krijg je informatie over de opleiding. Men kijkt ook of de opleiding bij jou past.*

☐ **Maximaal** ______________________________

Het grootst of hoogst mogelijk. *De opleiding duurt maximaal een jaar.*

☐ **Minimaal** ______________________________

Het kleinst mogelijk. *Je moet minimaal 17 jaar zijn als je je rijbewijs wilt halen.*

☐ **Observeren** ______________________________

Goed kijken wat iemand doet. Wat gaat goed, en wat kan beter? *Ik wil een sollicitatiegesprek oefenen. Wil jij observeren en feedback geven?*

☐ **Open dag** ______________________________

Bij open dagen van scholen of de universiteit kun je binnen kijken. Studenten en docenten geven informatie over de opleidingen.

☐ **Studieadviseur** ______________________________

Een studieadviseur werkt bij het mbo, het hbo of de universiteit. Hij helpt je bij het kiezen van de goede opleiding. Je kunt ook met hem praten als je problemen hebt.

☐ **Studiefinanciering** ______________________________

Geld dat je krijgt of leent om een gedeelte van je studie te betalen. Het is niet genoeg voor alle studiekosten. Je moet zelf ook een deel betalen.

☐ **Werkbriefje** ______________________________

Op een werkbriefje schrijf je precies hoeveel uur je op een dag of in een week hebt gewerkt.

☐ **Werkervaringsplaats** ______________________________

Bij een werkervaringsplaats krijg je geen salaris. Je maakt kennis met een beroep. Je kijkt of het bij jou past. Een bedrijf leert jou ook kennen en geeft je misschien een contract. Je hebt dezelfde werktijden en doet hetzelfde werk als andere werknemers.

☐ **Zelfstudie** ______________________________

Dat is de tijd die je thuis studeert. Bij afstandsleren is bijna alles zelfstudie. Als je naar school gaat, moet je huiswerk maken. Een gedeelte van de opleiding is dan zelfstudie.

Mijn moeilijke woorden:

______________________________________________

______________________________________________

______________________________________________

## Onderwijs

Hier vind je de afkortingen van de verschillende soorten onderwijs.

### Basisschool

Kinderen van 4-12 jaar gaan naar de basisschool. Voor kinderen vanaf 5 jaar is het verplicht om naar school te gaan.

### Havo

Havo betekent: hoger algemeen voortgezet onderwijs. De havo duurt 5 jaar. Met dit diploma kun je naar het hbo.

### Hbo

Hbo betekent: hoger beroepsonderwijs. Je leert hier bijvoorbeeld voor docent of journalist.

### Mbo

Mbo betekent: middelbaar beroepsonderwijs. Je leert hier bijvoorbeeld voor kapper of automonteur.

### Praktijkschool

De praktijkschool is voor kinderen die graag met hun handen werken, maar leren uit boeken moeilijk vinden. Je leert hier bijvoorbeeld voor baliemedewerker of assistent-metaalbewerker.

### Vavo

Vavo betekent: voortgezet algemeen volwassenenonderwijs. Volwassenen kunnen hier een diploma van het voortgezet onderwijs (vmbo, havo of vwo) halen. Ook jongeren die in het voortgezet onderwijs geen diploma hebben gehaald, proberen het vaak alsnog op het vavo.

### Vmbo

Vmbo betekent: voorbereidend middelbaar beroepsonderwijs. Het vmbo duurt 4 jaar. Met dit diploma kun je naar het mbo.

### Voortgezet onderwijs
Het onderwijs na de basisschool. In Nederland: praktijkschool – vmbo – havo – vwo.

### Vwo
Vwo betekent: voorbereidend wetenschappelijk onderwijs. Het vwo duurt 6 jaar. Met dit diploma kun je naar de universiteit.

### Wo
Wo betekent: wetenschappelijk onderwijs. Dit is onderwijs dat op de universiteit gegeven wordt.

## VOCABULAIRE EN VAARDIGHEDEN

Opdracht 17 is een oefening over de moeilijke woorden uit het hoofdstuk. Wil je een telefonische afspraak maken? Bij opdracht 18 oefen je daarmee. Bij opdracht 19 en 20 kun je gesprekken oefenen bij een open dag van een school of universiteit.

### Opdracht 17

Cursist A leest een vraag, cursist B geeft antwoord met een woord uit de woordenlijst. Vind je dit moeilijk? Vraag aan je docent kaartjes met vragen en antwoorden. Wissel halverwege van rol.

1. Betaal jij de cursus zelf?
2. Weet jij hoe ik informatie over deze opleiding kan krijgen?
3. Werk je zonder salaris?
4. Is jouw school dichtbij?
5. Moet je veel huiswerk maken?
6. Wat is een decaan?
7. Bij welke school kun je een kappersopleiding doen?
8. Waar kan ik wiskunde studeren?
9. Hoe oud moet je zijn voor het volwassenenonderwijs?
10. Begrijp jij hoe dit apparaat werkt?

## Opdracht 18

Wil je een afspraak maken met een school? Ga je naar een open dag? Deze zinnen kun je dan gebruiken.
Cursist A leest de zinnen, cursist B herhaalt ze zonder mee te lezen. Wissel daarna van rol.

1 Goedemorgen, u spreekt met ...
2 Goedemiddag, u spreekt met ...
3 Ik wil graag een afspraak maken.
4 Ik wil graag meer informatie over een opleiding in de zorg.
5 Kan ik een studieadviseur spreken?
6 Kan ik met een decaan praten?
7 Welk taalniveau heb ik nodig?
8 Ik heb taalniveau A2.
9 Mijn taalniveau is B1.
10 Ik weet niet welk niveau ik heb.
11 Heb ik een diploma nodig?
12 Ja, ik heb een diploma.
13 Nee, ik heb geen diploma.
14 Ik heb in mijn eigen land een diploma gehaald.
15 Ik heb in mijn eigen land geen diploma gehaald.
16 Moet ik een toets doen?
17 Ja, ik kan donderdag.
18 Nee sorry, ik kan donderdag niet.
19 Ja, dan kan ik.
20 Bedankt.
21 Tot ziens.

## Feedback

'Ik kan de woorden goed verstaan. Soms maak je fouten in de woordvolgorde. Mijn tip: praat iets langzamer.'

Dit is een voorbeeld van feedback. Je vertelt iemand wat goed gaat. Je vertelt ook wat beter kan. Zo kan hij zijn fouten verbeteren.
Hier zie je een feedbackformulier. Twee mensen oefenen een gesprek. Een derde persoon kijkt en luistert goed. Dat heet *observeren*. Daarna vult hij een feedbackformulier in. Met z'n drieën bespreken jullie de feedback.

| feedbackformulier | |
|---|---|
| **vraag** | **antwoord** |
| Deze vragen heb ik gehoord van cursist A. | |
| Begreep cursist B de vragen? | |
| Deze antwoorden heb ik gehoord van cursist B. | |
| Begreep cursist A de antwoorden? | |
| Welke tips heb je? | |

## Opdracht 19

Speel een rollenspel waarin je een afspraak maakt met een studieadviseur. Vraag rolkaarten en een feedbackformulier aan je docent. Spreek af wie begint en oefen het gesprek. Cursist A en B spelen het rollenspel, cursist C geeft feedback. Wissel daarna van rol.

## Opdracht 20

Speel een rollenspel waarin je een gesprek voert bij een open dag. Vraag rolkaarten en een feedbackformulier aan je docent. Spreek af op welke school je bent (mbo, hbo of universiteit) en wie begint, en oefen het gesprek. Cursist A en B spelen het rollenspel, cursist C geeft feedback. Wissel daarna van rol.

C Meer oefenen? Ga naar de website voor een interactieve oefening.

# 6

# Netwerken werkt!

Hoe kunnen anderen jou helpen bij het vinden van werk? Bespreek het met de groep.

**Figuur 6.1 Woordspin netwerken**

De meeste mensen vinden werk via familie, vrienden of kennissen. Bedrijven nemen graag mensen aan die ze kennen. Zo wordt meer dan de helft van de vacatures ingevuld.

## 6.1 Werk zoeken

### C Opdracht 1

Bekijk het filmpje en kruis de woorden aan die je hoort.

Shaza:

- ☐ familie
- ☐ vrijwilligerswerk
- ☐ koffiedrinken
- ☐ zondagskrant lezen
- ☐ brief geschreven
- ☐ werk gevonden
- ☐ gekozen

Amel:

- ☐ gehoord van een vriendin
- ☐ personeel
- ☐ gesolliciteerd
- ☐ aangenomen
- ☐ collega

Hakim:

☐ moeilijk
☐ afwachten
☐ wil je werken, dan moet je durven
☐ overal naar binnen
☐ geplaagd
☐ *mondeling*
☐ kansen krijgen
☐ *schriftelijk* solliciteren
☐ nummer
☐ proef, zonder geld
☐ vast contract
☐ parttime

## Opdracht 2

Bespreek de vragen met de hele groep.

1 Hoe heeft Amel werk gevonden?
2 Hoe heeft Shaza werk gevonden?
3 Hoe heeft Hakim werk gevonden?
4 Amel zegt dat de eerste dag op haar nieuwe werk spannend was. Waarom vond ze die dag spannend, denk je?
5 Misschien werk jij of doe je vrijwilligerswerk. Hoe was de eerste dag voor jou? Vertel er iets over.
6 Wie zegt tegen Hakim: 'Wil je werken, dan moet je durven'? Waarom zegt hij dit?
7 Hakim heeft eerst op proef gewerkt, zonder geld. Wil jij dit ook?
8 Hakim zegt: 'Nu ben ik blij.' Waarom is hij blij?
9 Vind jij het moeilijk of makkelijk om te durven? Wat kun jij tegen jezelf zeggen om te durven?
10 Wat vind jij moeilijk bij het zoeken naar werk? Welke gedachte kan jou helpen? Schrijf die helpende gedachte op.

## 6.2 Wat is netwerken?

Amel, Shaza en Hakim waren *actief*. Werk zoeken is hard werken! Maar je hoeft het niet alleen te doen. Mensen die je kent, zijn jouw *netwerk*. Zij kunnen je helpen als je werk zoekt.

Hoe kunnen andere mensen jou helpen?

- Ze kunnen je helpen bij *praktische zaken*, bijvoorbeeld als je oppas nodig hebt of een sollicitatiebrief moet schrijven.
- Werken ze zelf? Doen ze vrijwilligerswerk? Dan kunnen ze jou informatie en *advies* geven. Wat doen ze precies? Hoe gaat de communicatie met collega's of klanten? Welk taalniveau is nodig bij dit werk?
- Ook kunnen ze jou een naam geven van iemand in het bedrijf die je kunt bellen. Zo *introduceren* ze jou bij een bedrijf.
- Je wilt graag bij een bedrijf werken, maar er is geen vacature. Je wilt kennismaken en *feedback vragen* over je cv. Dan kun je vragen om een *netwerkgesprek*. Ken je al iemand die bij dat bedrijf werkt? Hij of zij kan jou helpen om een afspraak te maken.
- Misschien heeft iemand die je kent meteen werk voor je.

### Waarom netwerken?

1 Om kennis te maken met je wensberoep. Je kent iemand (*via via*) met dit beroep. Je belt of maakt een afspraak en je stelt vragen, bijvoorbeeld:
   - Wat doe je precies, wat zijn je taken?
   - Wat vind je het leukst aan je werk?
   - Wat vind je het minst leuk?

2 Er is een bedrijf bij jou in de buurt. Misschien kun je daar werken. Een kennis van jou werkt daar al. Hij kan jou introduceren. Daarna ga je naar het bedrijf en praat met de leidinggevende. Deze vragen kun je stellen:
   - Wat vindt u van mijn cv?
   - Hebt u tips om mijn cv te verbeteren?
   - Hoe kan ik mijn kansen vergroten?

Bij een netwerkgesprek is het belangrijk dat je weet wat je wilt. Als je vraag duidelijk is, krijg je een duidelijk antwoord.

Tip: Wil je oefenen met vragen stellen bij een netwerkgesprek? Ga dan naar opdracht 9.

Een netwerkgesprek is geen sollicitatiegesprek! Het kan een tijdje duren voor iemand iets voor je kan doen. Of misschien hoor je niets meer.

Tip:
- Bij netwerken helpen mensen elkaar. Hoe kun jij iemand helpen?
- Bedank de persoon die jou geholpen heeft.
- Wil je meer netwerken? Vraag dan aan het eind van het gesprek om de naam van een andere persoon. Die kun je daarna ook bellen voor een netwerkgesprek.

Met een grote familie kun je veel mensen hulp vragen. Zonder familie in Nederland is dat weleens moeilijk. Je kunt je *eenzaam* of *geïsoleerd* voelen. Maar je zit nu in een groep. Dus je kent al mensen. Dat is het begin van een netwerk.

## 6.3 Wie kan mij helpen?

Hier zie je een 'netwerkcirkel'. De binnenste cirkel ben jij, om jou heen staan mensen of organisaties die jou kunnen helpen. Die mensen staan dicht bij jou of verder weg.

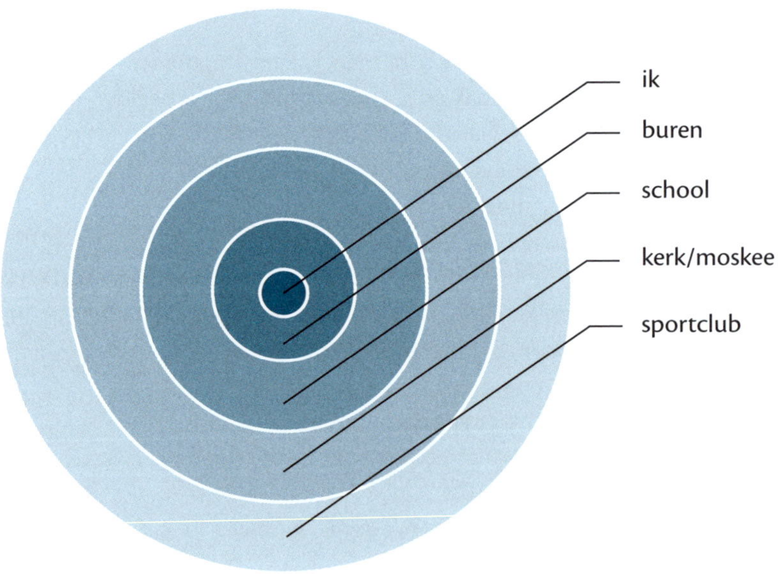


**Figuur 6.2 Netwerkcirkel**

## Opdracht 3

Vul in waar je mensen kent. Schrijf ook op wie jou kunnen helpen.

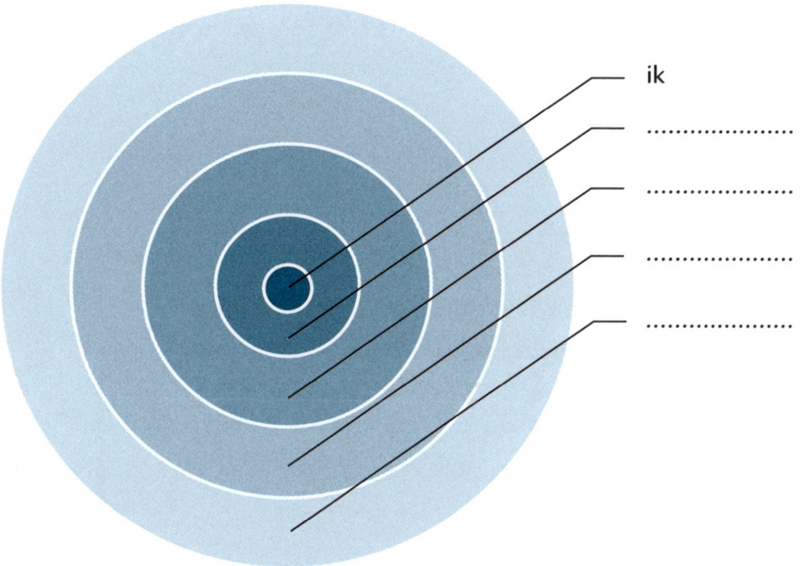


**Figuur 6.3 Je eigen netwerkcirkel**

## Opdracht 4

Werk samen met mensen die je nog niet zo goed kent. Vertel elkaar hoe je netwerk eruitziet. Misschien kent een medecursist iemand die jou kan helpen. Schrijf de naam hieronder.

Let op: vraag eerst toestemming voordat je een telefoonnummer of e-mailadres van iemand geeft.

**Opdracht 5**

Bespreek met de hele groep:

- Hoe kun je meer mensen leren kennen?
- Wat kun jij doen om jouw netwerk groter te maken?
- Wanneer ga je dat doen?
- Schrijf je plannen op.

Ik ga __________________________________________________.

Op ____________________________________(datum) heb ik dit gedaan.

Iemand om hulp vragen is niet altijd makkelijk. Denk hieraan:

## 6.4 Maak een plan

Je zoekt (vrijwilligers)werk. Kunnen mensen uit jouw netwerk je helpen? Vraag dat komende week aan ze. Je kunt ook naar een bedrijf bellen.
In paragraaf 6.2 heb je gelezen op welke manier mensen elkaar kunnen helpen bij het vinden van werk:

- hulp bieden bij praktische zaken, zoals oppassen op je kind, hulp bij het schrijven van een brief of cv;
- informatie en advies geven over het werk dat ze doen of over het bedrijf;
- iemand introduceren bij een bedrijf;
- een netwerkgesprek voeren;
- iemand een baan geven.

## Opdracht 6

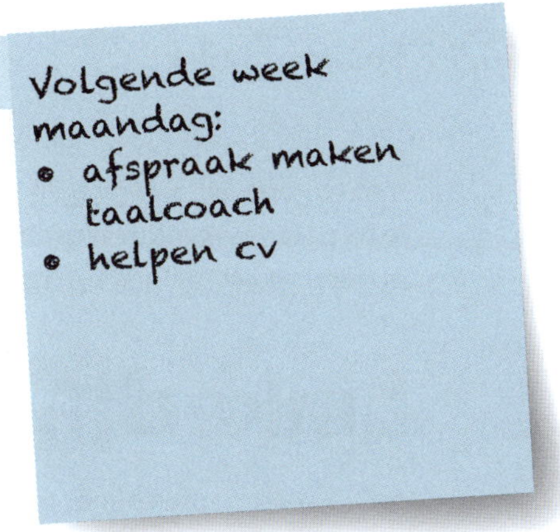


Schrijf op wie jij om hulp gaat vragen en hoe deze persoon jou kan helpen. Kijk eerst naar het voorbeeld. Bespreek dit daarna met elkaar. Wat kun je zeggen of vragen? Schrijf een paar vragen op en oefen het gesprek.

Deze vragen wil ik stellen:

| Naam: ____________________ |
| --- |
| Vragen:<br>____________________<br>____________________<br>____________________ |

## Doen

## 6.5 Sociale media

Als je actief bent op sociale media, heb je een groot netwerk. Je kunt informatie en mensen opzoeken en vragen stellen. En mensen kunnen jou vinden.
Je baas kan ook informatie over jou opzoeken. Zet dus geen rare foto's of uitspraken op internet. Maak ook op internet een *goede indruk*.

**LinkedIn**

LinkedIn is een zakelijk netwerk. Je moet een profiel aanmaken. Dat lijkt op een cv. Je kunt mensen uitnodigen om jouw connectie te worden, anderen kunnen dit natuurlijk ook aan jou vragen. Zo bouw je snel een groot netwerk op.
Op LinkedIn staan veel vacatures, maar je kunt ook bij bedrijven kijken of er mensen werken die je (via via) kent. Die willen jou misschien helpen bij een netwerk- of sollicitatiegesprek.
Als je een afspraak hebt met iemand van een bedrijf, kun je zijn profiel opzoeken. Zo leer je hem voor het gesprek al een beetje kennen. Als hij in je netwerk zit, kun je hem een bericht sturen.

### C Opdracht 7

Wil je meer weten over het gebruik van LinkedIn? Bekijk het filmpje.

**Twitter**

Op Twitter kun je korte berichten (tweets) schrijven. Je moet een account aanmaken en mensen of bedrijven vragen om jou te volgen. Er zijn veel bedrijven die vacatures op Twitter zetten.

**Facebook**

Facebook is een sociaal netwerk dat vrienden, collega's, studiegenoten en kennissen met elkaar in contact brengt. Mensen zetten hier vaak privé-informatie op en foto's van feestjes of vakanties.

**RESULTAATKAART 6**

Heb je voldoende informatie over netwerken? Ga naar **www.inburgeren.nl** en vul de resultaatkaart in.

Je laat zien:

- wie er in je netwerk zitten;
- welke mensen jou kunnen helpen bij het zoeken naar werk;
- wat je gaat doen om een goed netwerk te krijgen;
- hoe je nieuwe mensen kunt leren kennen om je netwerk te vergroten.

## WOORDENLIJST

- Lees de woorden. Je kunt de lijst zelf langer maken.
- Welke woorden ken je? Zet daar een kruisje voor.
- Welke woorden ken je niet? Lees de betekenis en schrijf de vertaling erachter.
- Lees de woorden nog eens hardop. Vind je de uitspraak moeilijk? Zet dan een streep onder de lettergreep met de klemtoon (het accent).

☐ **Actief** ____________________

Druk bezig zijn. *Zij zoekt actief naar werk. Als je passief bent, vind je niet snel een baan.*

☐ **Advertentie** ____________________

Reclame in een krant of een mededeling dat er personeel gevraagd wordt. *In een advertentie in de krant zag ik dat dit bedrijf een manager zoekt.*

☐ **Advies** ____________________

De tip. *Ik kreeg het advies van mijn buurman om werk te zoeken via LinkedIn.*

☐ **Afspreken – afgesproken** ____________________

Iets beloven. *We hebben afgesproken dat we om tien uur in de stad zijn.*

☐ **Curriculum vitae (cv)** ____________________

In je cv schrijf je je persoonsgegevens, werkervaring, welke opleidingen je hebt gedaan en wat je competenties zijn. *Tijdens het sollicitatiegesprek worden vragen over je cv gesteld.*

☐ **Eenzaam** ____________________

Alleen. *Ik ben zonder familie naar Nederland gekomen. Soms voel ik me eenzaam.*

☐ **Feedback geven of krijgen** ____________________________

Een reactie op wat iemand doet of maakt. *Ik oefen een telefoongesprek. Wil jij me feedback geven? Met jouw advies kan ik me ontwikkelen.*

☐ **Formeel** ____________________________

Volgens de regels. *Een telefoongesprek met een werkgever is een formeel gesprek. Je moet beleefd tegen elkaar zijn.*

☐ **Geïsoleerd** ____________________________

Alleen, weinig contact met anderen. *Zij voelt zich geïsoleerd in de groep.*

☐ **Indruk maken – een goede/slechte indruk maken**

____________________________

Een goede indruk maken: jezelf goed presenteren, bijvoorbeeld door je netjes te kleden. Een slechte indruk maken: jezelf niet goed presenteren, bijvoorbeeld door te laat te komen op een sollicitatiegesprek. *Het is belangrijk om bij een netwerkgesprek een goede indruk te maken.*

☐ **Informeel** ____________________________

Regels zijn minder belangrijk. *Ik bel mijn vriendin. Dat is een informeel telefoongesprek. We kunnen lekker kletsen.*

☐ **Introduceren** ____________________________

Iemand ergens voorstellen. *Ik kan jou bij mijn baas introduceren. Hij leert jou dan kennen.*

☐ **Mondeling** ____________________________

*Hakim heeft mondeling gesolliciteerd: hij ging winkels in en praatte met de baas.*

☐ **Netwerk** ____________________________

Mensen om jou heen die je kunnen helpen. *Mijn netwerk is niet zo groot, maar de mensen die ik ken willen mij graag helpen.*

☐ **Netwerken** ____________________________

Kijken of mensen jou kunnen helpen bij het vinden van werk. Of misschien kun jij hen helpen. *Op een feestje maak ik altijd contact met een paar mensen die ik niet ken. Ik vertel ze dat ik werk zoek en ik vraag naar hun situatie. Door te netwerken leer ik meer mensen kennen.*

☐ **Netwerkgesprek** ______________________

Een gesprek om te kijken of je elkaar kunt helpen bij het vinden van werk. *Vanmiddag heb ik een netwerkgesprek bij een bedrijf. Misschien kan ik daar in de toekomst werken.*

☐ **Open sollicitatie** ______________________

Solliciteren zonder dat er een vacature is. *Misschien komt er in de toekomst een vacature van mijn wensberoep. Ik heb daarom een open sollicitatie gestuurd naar dat bedrijf.*

☐ **Passief** ______________________

Niet actief. *Als je passief bent, vind je geen baan.*

☐ **Personeelszaken** ______________________

Een afdeling bij een bedrijf. De mensen die hier werken, doen bijvoorbeeld de sollicitatiegesprekken. Ook kun je ze vragen stellen over je rechten en plichten. Andere namen voor deze afdeling zijn: hrm (humanresourcesmanagement) of P&O (personeel en organisatie).

☐ **Praktische zaken** ______________________

Dingen die je kunt doen voor elkaar. *Zij helpen elkaar met praktische zaken, zoals een sollicitatiebrief schrijven en een cv maken.*

☐ **Reageren** ______________________

Antwoorden. *Ik heb geen tijd gehad om op jouw mail te reageren.*

☐ **Reageren op een advertentie** ______________________

Een brief schrijven of bellen als je een advertentie hebt gezien. *Ik heb gelezen dat je voor 12 januari moet reageren op deze advertentie.*

☐ **Schriftelijk** ______________________

*Op deze baan moet je schriftelijk solliciteren: je moet een brief schrijven.*

☐ **Stage** ______________________

Iets leren in de praktijk. *De studenten lopen stage in het ziekenhuis. Zo leren ze wat een specialist doet.*

☐ **Via via** ______________________

Door iemand anders. *Via via heb ik gehoord dat dit bedrijf iemand zoekt. Een kennis heeft mij verteld dat hier een vacature is.*

Mijn moeilijke woorden:

## VOCABULAIRE EN VAARDIGHEDEN

Bij opdracht 8 tot en met opdracht 12 oefen je met zinnen die je bij een netwerkgesprek kunt gebruiken. Opdracht 13 tot en met 16 zijn rollenspelen. Je oefent met netwerkgesprekken.

### Opdracht 8

Cursist A leest de vraag, cursist B geeft antwoord. Wissel daarna van rol.

| | | |
|---|---|---|
| **1** | Kan ik u wat vragen? | Ja, natuurlijk. |
| **2** | Mag ik u iets vragen? | Jazeker. |
| **3** | Hebt u even tijd? | Ja hoor. |
| **4** | Kan ik hier stage lopen? | Ja, dat kan. |
| **5** | Kan ik hier een stage doen? | Nee, helaas, dat kan niet. |
| **6** | Kan ik hier vrijwilligerswerk doen? | Je kunt hier vrijwilligerswerk doen. |
| **7** | Ik wil graag een afspraak maken. | Dat is een goed idee. |
| **8** | Zullen we een afspraak maken? | Nee sorry, dat komt nu niet zo goed uit. |
| **9** | Is dit een groot bedrijf? | Ja, dit is een groot bedrijf.<br>Nee, dit is een klein bedrijf. |
| **10** | Werken hier veel mensen? | Ja, er werken veel mensen.<br>Nee, er werken weinig mensen. |
| **11** | Hoe vind je het bij dit bedrijf? | Ik heb het hier naar mijn zin. |
| **12** | Werk je hier met plezier? | Ja, ik werk hier met veel plezier. |
| **13** | Kun je me introduceren bij jouw baas? | Ja, ik kan je bij haar introduceren. |
| **14** | Is er veel werk in dit beroep? | Ja, er is veel werk.<br>Nee, er zijn weinig vacatures. |

## Opdracht 9

Cursist A leest een vraag. Cursist B herhaalt de vraag zonder mee te lezen. Wissel daarna van rol.

Een netwerkgesprek met een kennis:
1 Wat doe je precies, wat zijn je taken?
2 Welke opleiding heb je gedaan?
3 Krijg je een opleiding tijdens je werk?
4 Wat vind je het leukst aan je werk?
5 Wat vind je het minst leuk?
6 Is er veel werk in dit beroep?
7 Ken je iemand anders met wie ik ook een gesprek kan hebben?

Een netwerkgesprek met een leidinggevende:
1 Wat vindt u van mijn cv?
2 Hebt u tips om mijn cv te verbeteren?
3 Is er een kans dat ik bij dit bedrijf kan werken?
4 Welke opleiding zou ik nog kunnen doen?
5 Hoe kan ik mijn kansen vergroten?
6 Kent u andere bedrijven waar ik zou kunnen werken?
7 Kent u iemand anders met wie ik een netwerkgesprek kan hebben?

## Opdracht 10

Lees om de beurt een vraag. Reageer en gebruik een woord uit de woordenlijst. Vind je dit moeilijk? Vraag aan je docent kaartjes met vragen en antwoorden.

1 Waar heb jij deze vacature gezien?
2 Hoe heb je gesolliciteerd?
3 Hoe ben je bij dat bedrijf binnengekomen?
4 Hoe heet dat ook al weer, zo'n papier met je persoonsgegevens en je werkervaring?
5 Wat ga je vanmiddag doen?
6 Hoe gaat het met je?
7 Ga je fulltime naar school?
8 Werk jij in dat zorgcentrum?
9 Heb jij contact met jouw buren?
10 Heb jij een contract?

## C Opdracht 11

Mevrouw Farzan zoekt vrijwilligerswerk. Ze vraagt een kennis om hulp. Luister naar de audio van het gesprek van mevrouw Farzan. Kruis de zinnen aan die je hoort.

- ☐ Met mevrouw De Boer.
- ☐ Je spreekt met Najia Farzan.
- ☐ De tijd gaat zo snel.
- ☐ Hoe gaat het met jou?
- ☐ Ik zoek vrijwilligerswerk.
- ☐ Ik bezoek oude mensen.
- ☐ Werken met kinderen vind ik leuk.
- ☐ Heb je haar adres voor me?
- ☐ Weet je op welke dagen ze werkt?
- ☐ Ik kom binnenkort een kop koffie halen.
- ☐ Veel plezier, woensdag.
- ☐ Tot gauw.

## Opdracht 12

Cursist A leest de zinnen, cursist B herhaalt ze zonder mee te lezen. Wissel daarna van rol.

1 Goedemorgen, je spreekt met ...
2 Goedemiddag, u spreekt met ...
3 Heb je even tijd?
4 Hebt u even tijd?
5 Kan ik wat vragen?
6 Ik wil je wat vragen.
7 Kun je me helpen?
8 Ik zoek werk.
9 Ik zoek vrijwilligerswerk.
10 Ik vind het moeilijk.
11 Ik vind het makkelijk.
12 Wat is haar nummer?
13 Wat is zijn nummer?
14 Bedankt.
15 Hartelijk dank.
16 Dank u wel.

## Telefonische netwerkgesprekken

### Opdracht 13

Rollenspel: je oefent een telefonisch netwerkgesprek met iemand die je kent. Je wilt werken of vrijwilligerswerk doen. Je belt iemand die jou misschien kan helpen. Bereid het telefoongesprek voor. Deze vragen kunnen je daarbij helpen.

- Is het een formeel of informeel gesprek?

  ______________________________

- Hoe begint het gesprek?

  ______________________________

- Wie wil je spreken?

  ______________________________

- Wat wil je zeggen?

  ______________________________

  ______________________________

- Wat wil je vragen?

  ______________________________

  ______________________________

- Hoe eindigt het gesprek?

  ______________________________

Vraag rolkaarten en een feedbackformulier aan je docent. Spreek af wie begint en oefen het gesprek. Cursist A en B spelen een rollenspel, cursist C geeft feedback. Wissel daarna van rol.

### Opdracht 14

Rollenspel: je oefent een telefonisch netwerkgesprek met iemand die je niet kent. Je hebt zijn naam van een kennis gekregen. Vraag rolkaarten en een feedbackformulier aan je docent. Spreek af wie begint en oefen het gesprek. Cursist A en B spelen een rollenspel, cursist C geeft feedback. Wissel daarna van rol. Bereid het gesprek voor. Welke vragen wil je stellen?

______________________________

______________________________

## Netwerkgesprekken bij een bedrijf

### Opdracht 15

Rollenspel: je oefent een netwerkgesprek bij een bedrijf. Je wilt vrijwilligerswerk gaan doen. Je hebt een afspraak met de coördinator van een zorgcentrum. Vraag rolkaarten en een feedbackformulier aan je docent. Bereid het gesprek voor. Welke vragen wil je stellen?

Spreek af wie begint en oefen het gesprek. Cursist A en B spelen een rollenspel, cursist C geeft feedback. Wissel daarna van rol.

### Opdracht 16

Rollenspel: je oefent een netwerkgesprek bij een bedrijf.
Je wilt als conciërge werken op een school. Je hebt een gesprek met een medewerker van Personeelszaken. Vraag rolkaarten en een feedbackformulier aan je docent. Bereid het gesprek voor. Welke vragen wil je stellen?

Spreek af wie begint en oefen het gesprek. Cursist A en B spelen een rollenspel, cursist C geeft feedback. Wissel daarna van rol.

C Meer oefenen? Ga naar de website voor interactieve oefeningen.

# 7

# Werk vinden

In dit hoofdstuk ga je actief aan de slag met het vinden van werk. Je oefent met:

- een cv maken;
- een sollicitatiebrief schrijven;
- een sollicitatieformulier invullen;
- een sollicitatiegesprek voeren.

Misschien wil je nog geen betaalde baan. Je kunt dan eerst een *taalstage*, een werkervaringsplaats of vrijwilligerswerk zoeken. Je moet dan ook solliciteren: een brief schrijven of een formulier invullen en op gesprek komen.
Met onbetaald werk gaat je taalniveau snel omhoog (als je tenminste in het Nederlands communiceert). Je doet *werkervaring* op en je leert de Nederlandse cultuur op het werk kennen.

// Op de website **www.netinnederland.nl** staan korte filmpjes over werk vinden. Ga naar de website en zoek naar het onderwerp 'werk'. De filmpjes gaan bijvoorbeeld over vacatures vinden, een cv maken en sociale media.

## Opdracht 1

Ga naar **www.netinnederland.nl**. Bekijk twee filmpjes. Welke tips heb je gehoord?

Filmpje 1: onderwerp: ______________________________

______________________________

Tips:

______________________________

______________________________

______________________________

Filmpje 2: onderwerp: ______________________________

______________________________

Tips:

______________________________

______________________________

______________________________

Welke informatie vind je belangrijk? Vertel dat aan elkaar.

## 7.1 Op zoek naar vacatures

Er zijn veel manieren om werk te vinden. In de vorige hoofdstukken heb je dat al gezien.

Tip: Op **www.twiba.nl** vind je alle vacatures die op Twitter staan. De website **www.indeed.nl** verzamelt vacatures van zo veel mogelijk andere vacaturesites. Op veel vacaturesites kun je ook zoeken naar werkervaringsplaatsen of vrijwilligerswerk in jouw regio.

Let op: heb je via internet een vacature gevonden? Controleer dan altijd of de vacature nog bestaat. Kijk op de website van het bedrijf of bel even. Op internet blijven oude vacatures soms te lang staan.

## 7.2 Sollicitatiebrief of sollicitatieformulier

Bij veel banen moet je een sollicitatiebrief schrijven of een sollicitatieformulier invullen.
Als je een brief mailt, stuur je ook je cv mee.
Er zijn veel soorten sollicitatieformulieren. Soms lijken ze op een cv. Je vult je opleiding en je werkervaring in. Meestal moet je ook je *motivatie* invullen: waarom wil je deze baan? *Digitale sollicitatieformulieren* zijn vaak kort. Je moet je cv en/of brief uploaden en versturen naar het bedrijf.

Een sollicitatiecommissie leest eerst alle brieven of formulieren. De commissie kijkt naar deze punten:
- Heb je de juiste opleiding of werkervaring?
- Wat is je motivatie?
- Ben je enthousiast voor de baan?
- Als er specifieke eisen zijn: passen die bij jou?
- Zoekt het bedrijf iemand met jouw competenties?
- Pas je in het team?

Is de commissie enthousiast over je brief en cv? Dan krijg je een uitnodiging voor een gesprek.

Waarop moet je letten?
- Een sollicitatiebrief moet er netjes uitzien. Er mogen geen schrijffouten in staan.
- Schrijf kort en krachtig. Herhaal geen informatie die ook in je cv staat.
- Je motivatie is het belangrijkste onderdeel.
- Maak *alinea's*.
- Schrijf enthousiast over de baan.
- Gebruik de woorden die in de vacature staan.
- Naar wie schrijf je de brief? Staat er een naam in de vacature? Gebruik die dan in je brief. Zo wordt de brief persoonlijker.
- Geef je brief een duidelijke en *zakelijke* titel, bijvoorbeeld 'sollicitatie' plus je voorletter en achternaam.
- Zorg voor een duidelijk en zakelijk e-mailadres. Bijvoorbeeld met je voor- en achternaam erin.

Op internet staan veel voorbeelden van brieven en cv's. En er zijn websites die tips geven. Je kunt natuurlijk ook iemand vragen om jou te helpen. Het is sowieso goed om feedback te vragen op je brief en cv.

## Opdracht 2

Hiernaast zie je een voorbeeld van een sollicitatiebrief. Sofia Galante heeft gereageerd op de vacature van beveiligingsmedewerker. Vraag de vacature aan je docent. Lees de brief en bespreek daarna de vragen:

- Hoeveel alinea's heeft de brief (vanaf de *aanhef*)?
- In welke alinea staat de motivatie?
- Zet een streep onder de competenties die Sofia noemt.
- Je stuurt je brief per e-mail. Hij zit dan in de bijlage. Wat schrijf je bij 'onderwerp' in de mail?

  ______________________________

- Het is belangrijk dat een sollicitatiebrief foutloos en duidelijk is. Ken jij iemand die je brief kan *corrigeren* en tips kan geven?

Een sollicitatiebrief heeft deze indeling:

1. je eigen naam en adres
2. naam en adres van het bedrijf en de persoon naar wie je schrijft
3. het onderwerp (Betreft: ...)
4. bijlage: ...
5. plaatsnaam, datum
6. aanhef
7. openingszin
8. een alinea over je ervaring en competenties
9. een alinea met je motivatie
10. slotzin
11. groet
12. handtekening en naam

## Opdracht 3

Schrijf een sollicitatiebrief bij een vacature van jouw wensberoep. Laat je docent de brief nakijken en vraag om tips.

Wil je eerst meer oefenen? Vraag dan een kopieerblad aan je docent.

Sofia Galante
Molenstraat 33
1182 HH Amstelveen

Lady Security
Mevrouw Draaisma
Hoofddorpweg 27
1098 PP Amsterdam

Betreft: sollicitatie beveiligingsmedewerker Schiphol
Bijlage: cv
Amstelveen, 27 februari 2018

Geachte mevrouw Draaisma,

Gisteren hadden wij telefonisch contact over de vacature van beveiligingsmedewerker op Schiphol.

Ik werd enthousiast over de taken die u noemde. Ze sluiten namelijk precies aan bij het vrijwilligerswerk dat ik deed bij het Buurtpreventieteam. Ook daar had ik controlerende taken en soms moest ik corrigerend optreden bij onwenselijk gedrag. Ik heb gemerkt dat ik dat goed kan.

Ik kan een combinatie van humor, strengheid en duidelijkheid laten zien. Dat is bij dit werk nodig. Flexibele werktijden zijn voor mij geen probleem en ik heb eigen vervoer.

Ik vind het belangrijk dat mensen veilig en vrij kunnen leven, feest kunnen vieren en naar concerten kunnen gaan. Ik wil daar graag aan meewerken en zorgen dat dat goed verloopt.

Ik hoop dan ook dat u mij uitnodigt voor een gesprek.

Met vriendelijke groet,

*S. Galante*

Sofia Galante

### Opdracht 4

Vraag een oefensollicitatieformulier aan je docent en vul het in met je eigen gegevens. Gebruik ook deze informatie:

- Je solliciteert bij de supermarkt als medewerker Brood en Kaas. Je doet een cursus op maandagmorgen, woensdagmorgen en donderdagmiddag.
- Toen je een tiener was, werkte je als vakkenvuller in een supermarkt. Dat was in de stad waar je opgroeide.

### Opdracht 5

Zoek op internet sollicitatieformulieren van jouw wensberoep.
Print er twee uit en vul ze in. Als het digitale formulieren zijn, maak dan een schermafdruk. Als je geen formulieren van jouw wensberoep kunt vinden, kies dan twee andere.

## 7.3 Cv

Je cv is een belangrijk document. Elke werkgever wil het zien. Ook opleidingen vragen er vaak naar. Cv betekent curriculum vitae: levensloop. Schrijf het hele woord en je naam boven aan je cv.
Een sollicitatiecommissie leest je cv. Men kijkt of je opleiding, werkervaring en andere activiteiten passen bij de vacature. Sollicitatiecommissies krijgen veel reacties op een vacature. Soms kijken ze dertig seconden. Daarna kiezen ze: wel of niet uitnodigen? Je cv moet dus duidelijk zijn.

Doe opdracht 6 en 7 als je nog geen cv hebt. Ben je nog niet tevreden over jouw cv? Kijk dan ook eens naar het voorbeeld bij opdracht 6. Heb je al een goed cv? Ga dan naar opdracht 8.

### Opdracht 6

Bekijk het cv van Sofia Galante hiernaast. Welke titel en koppen gebruikt ze?

______________________________________________

______________________________________________

______________________________________________

______________________________________________

**Curriculum vitae Sofia Galante**

**Persoonlijke gegevens**
Sofia Galante
Molenstraat 33
1182 HH Amstelveen
Nationaliteit: NL
Geboortedatum: 27-5-1995
T: 06 1234 5678
E: s.galante@quicknet.nl

**Profiel**
Ik heb overwicht en ga met humor en respect met mensen om.

**Werkervaring**
2014-nu **Medewerker Buurtpreventieteam Amsterdam**
Taken: rondes lopen door de buurt, mensen aanspreken op hun gedrag, vernielingen melden, praten met buurtbewoners, adviezen geven over veiligheid in huis.
2013-2014 **Taalstage Zorgcentrum De Kievit Amsterdam**
Taken: koffie en thee verzorgen, bewoners begeleiden bij activiteiten, gastvrouw.

**Opleidingen**

| | | |
|---|---|---|
| 2017 | EHBO-cursus | Bhv Nederland |
| 2014-2017 | Beveiliger niveau 2 bbl | Roc van Amsterdam |
| 2012-2014 | NT2 Staatsexamen I | Roc van Amsterdam |
| 2007-2012 | Voortgezet onderwijs in Argentinië | |

**Interesses en aanvullende informatie**
- pc-vaardigheden: goed bekend met Microsoft Word, PowerPoint, Excel
- in bezit van eigen auto + rijbewijs B
- moedertaal: Spaans, overige talen: Engels goed; Nederlands B1+

Praat met elkaar over het cv:

- Wat betekent de kop '*Profiel*'? Wat vind je van de tekst die Sofia hier geschreven heeft?
- Kan een werkgever snel de werkervaring van Sofia vinden?
- Wat heeft Sofia gedaan om een opvallend cv te maken?
- Wat vind je daarvan?
- Haar naam staat twee keer in het cv. Waar?
- Sofia heeft haar taalstage bij werkervaring gezet. Wat vind je daarvan?
- Wat heeft Sofia gedaan om haar cv zo duidelijk mogelijk te maken?
- Welke extra kop had Sofia kunnen gebruiken?

Er zijn ook websites waar je een *digitaal cv* kunt maken. Soms moet je daarvoor betalen. Via **www.nationalevacaturebank.nl** of **www.werk.nl** kan dat gratis. Op de website bij dit boek vind je ook nog een link naar een andere website. Je kunt hier gratis een Europees cv maken in verschillende talen.

Wil je de voorbeelden zien van Sofia? Vraag ze aan je docent.

Waarop moet je letten?

1. Geef je cv net als je sollicitatiebrief een duidelijke en zakelijke documentnaam, bijvoorbeeld: Cv S. Galante of Curriculum Vitae S. Galante.
2. Werk met *koppen* (titels). Sommige kun je aanpassen aan de vacature. Als je solliciteert op een baan waarvoor je verschillende talen moet spreken, kun je een aparte kop 'Talen' maken. Voor een ICT'er is het handig als hij zijn computervaardigheden apart noemt.
3. Als je een LinkedInprofiel of een Twitteraccount hebt, kun je dat bij je persoonlijke gegevens zetten.
4. Zorg voor een duidelijke en nette foto (dus niet in zwemkleding of met een biertje in je hand).
5. Bij werkervaring en opleiding noem je eerst je nieuwste werk of opleiding, en je eindigt met wat het langst geleden is.
6. Vrijwilligerswerk of een werkervaringsplaats is ook werkervaring.
7. Schrijf alleen ervaringen op die belangrijk zijn voor de baan. Een zwemdiploma of een kookcursus hoef je niet op te schrijven, behalve als je moet zwemmen of koken bij het werk.
8. Schrijf je *burgerservicenummer* (bsn) en het nummer van je identiteitsbewijs niet in je cv. Heb je de baan gekregen? Dan vraagt je werkgever naar je bsn en naar een kopie van je identiteitsbewijs.

## Opdracht 7

Maak je eigen cv op de computer, bijvoorbeeld in Word of via internet. Laat je cv corrigeren en vraag om tips.

Maak je liever eerst je cv op papier? Vraag dan een kopieerblad aan je docent.

## Opdracht 8

Bekijk elkaars cv. Bespreek ze samen. Je kunt deze vragen gebruiken:

- Ziet de tekst er netjes uit?
- Staan er competenties in het cv?
- Vind je ze passen bij je medecursist?
- Welke koppen zijn gebruikt?
- Heeft iemand meer dan één baan gehad? Staat de werkervaring dan in de goede volgorde?
- Heeft iemand meer dan één opleiding gedaan? Staan ze dan in de goede volgorde?
- Welke tips heb je?

## Doen

- Cv maken of verbeteren.
- Sollicitatiebrief schrijven.
- Sollicitatieformulieren zoeken en invullen.
- Filmpjes bekijken via www.netinnederland.nl

## 7.4 Het sollicitatiegesprek

In een sollicitatiegesprek maken werkgever en werknemer kennis met elkaar. De werkgever kijkt of de sollicitant past bij de vacature. Als je solliciteert, wil je meestal heel graag werken. Maar toch kun jij ook kijken of dit bedrijf bij jou past.
Bij vrijwilligerswerk, een stage of een werkervaringsplaats heb je een gesprek vooraf: het kennismakingsgesprek of de intake. Dat gaat ongeveer hetzelfde als een sollicitatiegesprek.
Bij opdracht 9 en 11-17 horen filmpjes. Sommige hebben niveau A2-B1. Andere niveau B1-B2. Maak de opdrachten die bij jouw niveau passen.

### C Opdracht 9 • A2-B1

Bekijk het filmpje over een sollicitatiegesprek en lees de woorden. Bekijk het filmpje dan nog eens en kruis de woorden aan die je hoort terwijl je kijkt.

- ☐ de afdeling Personeelszaken
- ☐ een zorginstelling
- ☐ goed
- ☐ verzorgd
- ☐ netjes
- ☐ aankijkt
- ☐ stevige hand
- ☐ *eerste indruk*
- ☐ rechtop zit
- ☐ koffiedrinken
- ☐ met twee woorden spreekt
- ☐ werkervaring
- ☐ ervaring in vrijwilligerswerk

### Opdracht 10

Bespreek met de hele groep of 'geld verdienen' een goede motivatie is om te werken.

Wat betekent 'De eerste indruk is belangrijk'? Wat vind je belangrijk als je iemand voor het eerst ziet?

Is het moeilijk of makkelijk om:
- iemand aan te kijken bij een sollicitatiegesprek?
- een stevige handdruk te geven?
- rechtop te zitten als je zenuwachtig bent?

## C Opdracht 11 • B1-B2

In het filmpje bij deze opdracht geven managers van verschillende bedrijven tips voor een sollicitatiegesprek. Bekijk het filmpje en kruis de tips aan die je interessant vindt.

- ☐ Kijk iedereen aan met wie je praat. (Soms kijken mensen steeds naar één persoon.)
- ☐ Praat niet te lang.
- ☐ Voel je niet *aangevallen*.
- ☐ Blijf ontspannen.
- ☐ Maak contact.
- ☐ Laat zien dat je je voorbereid hebt.
- ☐ Stel vragen.

De managers in het filmpje noemen een aantal vragen die je kunt stellen. Bespreek met elkaar of dit goede vragen zijn tijdens het eerste sollicitatiegesprek.

- ☐ Hoeveel verdien ik?
- ☐ Hoe ziet de functie er precies uit?
- ☐ Hoe groot is het team?
- ☐ Hoeveel vakantiedagen heb ik?
- ☐ Hoe is de bedrijfscultuur?
- ☐ Hoe ziet het team eruit?
- ☐ Krijg ik een laptop?
- ☐ Hoe bent u als leidinggevende?
- ☐ Wat verwacht u als leidinggevende van mij?
- ☐ Wat vond u van het gesprek?
- ☐ Wat voor indruk hebt u van mij?
- ☐ Hoe gaat het nu verder?
- ☐ Krijg ik reiskostenvergoeding?
- ☐ Wanneer hoor ik iets van u?

### Opdracht 12

Je krijgt een opdracht van de docent over sollicitatietips.

- Kruis na afloop aan welke tips voor jou het belangrijkst zijn.
- Wat kun jij verbeteren? Bespreek dat met elkaar.

## Een sollicitatiegesprek voorbereiden

### Opdracht 13 • A2-B1

Bekijk het filmpje en lees de zinnen. Bekijk het filmpje dan nog eens en kies het goede antwoord.

1. Amel wil in de zorgsector werken. waar/niet waar
2. Ze heeft geen opleiding nodig. waar/niet waar
3. Het werk past bij haar. waar/niet waar
4. Amel heeft werkervaring. waar/niet waar
5. Sociale vaardigheden zijn niet belangrijk in de zorg. waar/niet waar
6. Amel wil graag bij een grote instelling werken. waar/niet waar

### Opdracht 14 • A2-B1

Beantwoord samen de vragen over het filmpje van opdracht 13.

1. Welk werk wil Amel gaan doen?
2. Heeft ze werkervaring?
3. Over welke kwaliteiten praten Hakim en Amel?
4. Is Amel zenuwachtig?
5. Waarom wil Amel dit werk graag doen?
6. Welke positieve gedachten heeft Amel?
7. Hakim helpt Amel bij de voorbereiding van een sollicitatiegesprek. Wie kan jou helpen?

### Opdracht 15 • B1-B2

Bekijk het filmpje en bespreek de vragen.

1. Wat betekent 'STAR-methode'?
2. Waarom vindt de recruiter de vraag: 'Wat zou je doen als ...' niet zo goed?
3. Welke competentie noemt ze als voorbeeld?
4. Wat kun je doen als je geen of weinig werkervaring hebt?
5. Welke relevante ervaring heb jij voor jouw wensberoep?

## Een sollicitatiegesprek voeren

### Opdracht 16 • A2-B1

C

Bekijk het filmpje en lees de vragen. Bekijk het filmpje dan nog eens en bespreek de vragen met elkaar.

1 Welke onderwerpen noemt Arina?
2 Waarom wil Amel dit werk graag doen?
3 Waarom moet de werkgever juist Amel aannemen?

### Opdracht 17 • B1-B2

C

Bekijk het filmpje en beantwoord de vragen.

1 Welke vragen worden gesteld?
2 Wat vind je van de antwoorden van de sollicitant?
3 Waarom loopt het gesprek niet goed

## Verloop van een gesprek

Een sollicitatiegesprek gaat vaak zo:

1 Een hand geven en voorstellen, even babbelen.
2 De werkgever geeft informatie over het bedrijf en de baan.
3 Praten over je brief en je cv. De werkgever stelt vragen, jullie praten over je motivatie, je sterke en zwakke (of minder goede) eigenschappen en je werkervaring.
4 Jij kunt vragen stellen.
5 Afsluiting: afspraak maken over hoe het verdergaat.

Bij opdracht 18 oefen je met de voorbereiding van een sollicitatiegesprek. Je oefent een sollicitatiegesprek bij opdracht 19.

Wil je oefenen met een intakegesprek voor vrijwilligerswerk, een stage of een werkervaringsplaats, vraag dan een kopieerblad aan je docent.

## Opdracht 18

Bekijk de vacature die je hebt meegenomen. Kijk ook naar je cv. Beantwoord de vragen over jou en jouw vacature. Help elkaar om de antwoorden te vinden en op te schrijven.

1 Welk werk wil jij gaan doen?

2 Welke kwaliteiten worden gevraagd in de vacature?

3 Welke kwaliteiten heb je?

4 In welke situatie heb je die kwaliteiten eerder laten zien?

5 Waarom wil je bij dit bedrijf werken? Wat is jouw motivatie?

6 Waarom moet een werkgever jou kiezen? Waarom ben jij *geschikt*?

7 Welke vragen heb je over het werk?

______________________________________________

______________________________________________

______________________________________________

## Opdracht 19

Voer in een rollenspel een sollicitatiegesprek of kennismakingsgesprek. Vraag rolkaarten en een feedbackformulier aan je docent. Spreek af wie begint en oefen het gesprek. Cursist A en B spelen een rollenspel, cursist C geeft feedback. Wissel daarna van rol.

## Opdracht 20

Je krijgt een opdracht van je docent: je gaat bingo spelen met de groep!

## Wat past bij jou?

Het is belangrijk dat je weet wat bij jou past. Werk zoeken of eerst een opleiding doen en stage lopen? Of denk je aan vrijwilligerswerk of een werkervaringsplaats? Praat met je docent als je nog geen keuze hebt gemaakt.

**RESULTAATKAART 7**

Heb je voldoende informatie over werk kunnen vinden?
Ga naar **www.inburgeren.nl**, download de resultaatkaart en vul hem in. Je laat zien:

- dat je weet hoe je naar werk kunt zoeken;
- dat je weet hoe je naar plaatsen kunt zoeken om werkervaring te krijgen;
- dat je weet waarvoor sollicitatieformulieren en sollicitatiebrieven zijn;
- dat je sollicitatieformulieren kunt invullen en een sollicitatiebrief kunt schrijven;
- dat je een cv kunt maken;
- dat je weet waar je hulp kunt vinden bij het schrijven van sollicitatiebrieven en je cv;
- dat je weet wat belangrijk is in een sollicitatiegesprek.

Tip: Bij deze resultaatkaart moet je meesturen:

- twee ingevulde sollicitatieformulieren
- een sollicitatiebrief
- je cv

## WOORDENLIJST

- Lees de woorden. Je kunt de lijst zelf langer maken.
- Welke woorden ken je? Zet daar een kruisje voor.
- Welke woorden ken je niet? Lees de betekenis en schrijf de vertaling erachter.
- Lees de woorden nog eens hardop. Vind je de uitspraak moeilijk? Zet dan een streep onder de lettergreep met de klemtoon (het accent).

☐ **Aanhef** ____________________
Het begin van de brief. *Een formele aanhef: Geachte mevrouw Wieland. Een informele aanhef: Hallo Wassim.*

☐ **Aanvallen – aangevallen** ____________________
Soms schrik je als iemand jou feedback geeft. Je wordt misschien een beetje boos. Je luistert dan niet meer zo goed en je gaat jezelf verdedigen. *'Voel je niet aangevallen als ik een kritische vraag stel', zegt mijn leidinggevende.*

☐ **Alinea** ____________________
Zinnen in een brief of andere tekst die bij elkaar horen. Als je alinea's in een tekst maakt, is deze makkelijker te lezen. *Deze brief heeft vijf alinea's.*

☐ **Bhv** ____________________
Bedrijfshulpverlening of een bedrijfshulpverlener. Een werknemer die een speciale cursus heeft gedaan. Hij heeft geleerd wat hij moet doen als er bijvoorbeeld brand uitbreekt of als iemand een ongeluk krijgt tijdens het werk. *Grote bedrijven zijn verplicht om een aantal bedrijfshulpverleners (bhv'ers) te hebben.*

☐ **Burgerservicenummer (bsn)** ____________________
Dit nummer krijgt iedereen van de Belastingdienst. *Schrijf je bsn niet in je cv, zeker niet in een digitaal cv.*

☐ **Corrigeren** ____________________
Nakijken. *De docent corrigeert mijn brief. Ze streept de fouten aan en vertelt wat beter kan.*

☐ **Digitaal cv** ____________________
Een cv dat je via een internetsite maakt. Je kunt het op internet zetten, werkgevers kunnen jou dan vinden.

☐ **Digitaal sollicitatieformulier** ____________________
Een sollicitatieformulier dat je op internet invult en verstuurt. Vaak moet je je cv en soms ook een sollicitatiebrief meesturen.

- ☐ **Eerste indruk** _________________________________
  Wat vind je van iemand als je hem voor het eerst ziet? Bij de eerste indruk kijken we naar het uiterlijk van een persoon: hoe kleedt die zich, ziet die er verzorgd uit, kijkt die vriendelijk? *De eerste indruk is belangrijk als je iemand ontmoet.*

- ☐ **Geldig** _________________________________
  Een geldig legitimatiebewijs: alle informatie klopt, de einddatum is nog niet voorbij. *Je moet een geldig legitimatiebewijs bij je hebben.*

- ☐ **Geschikt** _________________________________
  Pas jij bij dit werk? Heb je de juiste competenties en werkervaring? *Ben jij geschikt voor deze baan?*

- ☐ **Koppen** _________________________________
  Door de koppen (de titels van alinea's) boven en in een tekst zie je snel waar de informatie staat. *Koppen in een cv zijn bijvoorbeeld: persoonlijke gegevens, werkervaring, opleidingen, talen.*

- ☐ **Motivatie** _________________________________
  *Waarom wil je dit werk graag doen? Wat is jouw motivatie?*

- ☐ **Profiel** _________________________________
  De belangrijkste competenties die bij iemand horen. *Welke drie belangrijke competenties heb jij? Die schrijf je in je cv onder 'Profiel'.*

- ☐ **Taalstage** _________________________________
  Een stageplaats om je Nederlands te verbeteren. *Bij mijn taalstage praat ik veel met klanten. Mijn taalniveau gaat nu snel omhoog.*

- ☐ **Trefwoorden** _________________________________
  De belangrijkste woorden die je gebruikt als je informatie zoekt op internet. *Ik wil graag onderzoek doen in een laboratorium. Als ik werk zoek, gebruik ik de trefwoorden 'onderzoek' en 'laboratorium'.*

- ☐ **Werkervaring** _________________________________
  Wat voor werk je hebt gedaan. *Wat is jouw werkervaring?*

☐ **Zakelijk** ____________________________

Geef je cv en je sollicitatiebrief een duidelijke en zakelijke naam als je ze opslaat op je computer. De sollicitatiecommissie ziet dan meteen van wie de documenten zijn. *Zorg voor een zakelijke foto op je cv en op sociale media. Kies ook een zakelijke naam voor je e-mailadres.*

Mijn moeilijke woorden:

________________________________________

________________________________________

________________________________________

## VOCABULAIRE EN VAARDIGHEDEN

Bij opdracht 21 oefen je met moeilijke woorden uit het hoofdstuk. Hoe kun je over je motivatie praten? Daar oefen je mee bij opdracht 22 en 23.

### Opdracht 21

Lees om de beurt een zin. Reageer en gebruik een woord uit de woordenlijst. Er zijn ook kaartjes met de vragen en antwoorden. Werk je daar liever mee? Vraag ze dan aan je docent.

1. Ken jij een ander woord voor 'eigenschappen' of 'kwaliteiten'?
2. Waar in deze brief staat de motivatie?
3. Heb je al een afspraak voor een kennismakingsgesprek bij jouw stagebedrijf?
4. Heb je eerder gewerkt?
5. Mijn e-mailadres is: boem@gmail.com.
6. Ik schrok toen ze een vraag stelde over mijn zwakke kanten.
7. Heb je een sollicitatiebrief geschreven?
8. Vind je mijn cv duidelijk zo?
9. Hoe kan ik op internet informatie vinden over het maken van een sollicitatiebrief en cv?
10. Wat vind je van de sollicitant?

## Opdracht 22

Bij een sollicitatiegesprek praat je over je cv. Ben je gemotiveerd? Ben je geschikt voor de baan? Dat wil de werkgever weten.
Praat met elkaar over deze zinnen over motivatie en geschiktheid. Kun je ze goed gebruiken in een sollicitatiegesprek? Kruis dan + aan. Vind je ze niet goed? Kruis dan – aan.

| | | + | – |
|---|---|---|---|
| 1 | Ik heb een diploma voor dit werk. | | |
| 2 | Een kleine (of grote) instelling past goed bij mij. | | |
| 3 | Het is makkelijk werk. | | |
| 4 | Ik heb gehoord dat de sfeer hier goed is. | | |
| 5 | Daar heb ik ervaring mee. | | |
| 6 | Ik wil snel rijk worden. | | |
| 7 | In mijn cultuur heb ik geleerd om liefdevol en zorgzaam te zijn. | | |
| 8 | Ik houd van zelfstandig werken. | | |
| 9 | Het is rustig werk en ik wil niet moe worden. | | |
| 10 | Het is mijn droombaan. | | |

## Opdracht 23

Cursist A leest de zinnen, cursist B herhaalt ze zonder mee te lezen. Wissel daarna van rol.

1. Ik heb ervaring met dit werk.
2. Ik wil dit werk graag doen.
3. Het werk lijkt me leuk.
4. Ik wil graag bij een klein bedrijf werken.
5. Ik wil graag bij een groot bedrijf werken.
6. Ik neem graag initiatief.
7. Ik kan goed luisteren.
8. Ik houd ervan om samen te werken.
9. Hoe groot is het team?
10. Werk ik alleen of met andere mensen?
11. Hoe gaat het nu verder?
12. Wanneer hoor ik iets van u?

C Meer oefenen? Ga naar de website voor interactieve oefeningen.

# 8 Werkcultuur

Je hebt al kennisgemaakt met de cultuur in het Nederlandse onderwijs. Als je werkt moet je misschien ook wennen aan sommige dingen. Elk bedrijf heeft zijn eigen cultuur. Bij kleine bedrijven kennen mensen elkaar en gaat iedereen informeel met elkaar om. Bij een groot bedrijf kan dat anders zijn.
Op het werk zijn geschreven en *ongeschreven regels*. De geschreven regels kun je terugvinden in bijvoorbeeld je contract of de *cao* van jouw sector. Maar hoe leer je de ongeschreven regels kennen?

### Opdracht 1

Wat weet je van de geschreven en ongeschreven regels bij Nederlandse bedrijven? Loop door het lokaal en praat hier met drie andere cursisten over. Vul daarna het schema in.
Voorbeeld:

| geschreven regels | ongeschreven regels |
|---|---|
| je werkt met een contract | je noemt de baas bij zijn voornaam |
| | |
| | |
| | |
| | |
| | |

## 8.1 Afspraken op papier

Als je gaat werken of vrijwilligerswerk gaat doen, maak je afspraken met je baas of coordinator. Bijvoorbeeld over de werktijden, salaris, vakantie. In een contract staan nog veel meer afspraken. Die noem je *arbeidsvoorwaarden*.

## Opdracht 2

Bespreek de vragen met de groep.
- Heb je weleens een gesprek gevoerd over een *arbeidscontract* of een vrijwilligerscontract?
- Waarom is een contract belangrijk?
- Waarover kun je afspraken maken?

Er zijn verschillende soorten contracten:
- Nulurencontract: je weet niet hoeveel uur je gaat werken. Als de baas je nodig heeft, word je gebeld. Soms werk je veel, soms werk je weinig.
- Tijdelijk contract of contract voor bepaalde tijd: in het contract staat hoelang je kunt blijven werken. Er staat een einddatum in. Je kunt bijvoorbeeld drie maanden, een halfjaar of een jaar werken. Daarna stopt het werk. Of misschien wordt het contract verlengd: je krijgt dan nog eens een tijdelijk contract. Soms krijg je na een tijdelijk contract een vast contract.
- Vast contract of contract voor onbepaalde tijd: hier staat geen einddatum in. Toch kan het werk wel stoppen. Bijvoorbeeld als het bedrijf financiële problemen heeft of als je grote fouten maakt.

## De proeftijd

Als je gaat werken, krijg je bijna altijd een *proeftijd*. In het contract staat hoelang die proeftijd duurt. Meestal is dat een of twee maanden. In deze periode kijkt je baas of jij goed werkt. En jij kunt kijken of je tevreden bent met je werk.

## C Opdracht 3

Bekijk het filmpje en lees de vragen. Bekijk het filmpje dan nog eens en beantwoord de vragen.

Hakim praat over werken zonder contract. Wat vindt zijn vriend belangrijk?

- ☐ vakantie
- ☐ werktijd

Arina praat over verschillende contracten. Welke woorden hoor je?

- ☐ tijdelijk contract
- ☐ bepaalde tijd
- ☐ vast contract
- ☐ onbepaalde tijd

Shaza heeft werk gevonden. Ze tekent een arbeidscontract. Welke afspraken noemt Arina?

- ☐ salaris
- ☐ bepaalde tijd
- ☐ proeftijd
- ☐ werktijden
- ☐ hoeveel uur werk ik
- ☐ pensioen
- ☐ welk werk moet ik precies doen
- ☐ reiskostenvergoeding
- ☐ de *opzegtermijn*
- ☐ vakantie

### Opdracht 4

Welke afspraken vinden jullie belangrijk bij een arbeidscontract? Schrijf ze op.

______________________________

______________________________

______________________________

### Opdracht 5

Welke afspraken vinden jullie belangrijk bij vrijwilligerswerk? Schrijf ze op.

______________________________

______________________________

______________________________

## 8.2 De ongeschreven regels

In hoofdstuk 2 leerde je welke eigenschappen belangrijk zijn als je werkt. Werkgevers nemen graag enthousiaste en gemotiveerde werknemers aan. De woorden 'initiatief nemen' en 'proactief' zie je in bijna elke vacature.

## Opdracht 6

Bespreek deze woorden en zinnen over de Nederlandse werkcultuur met elkaar. Begrijpen jullie alles?

- proactief zijn
- initiatief nemen
- feedback geven en krijgen
- assertief zijn
- discriminatie
- diversiteit
- Werk en privé zijn gescheiden.
- Op je werk kun je over persoonlijke dingen praten.
- Nederlanders geven graag hun mening. Ze vragen ook naar de mening van anderen.
- Als ik iets niet begrijp, zeg ik dat.
- Als ik iets nog niet zo goed kan, zeg ik dat.

## Diversiteit

## Opdracht 7

C

Kies een van de filmpjes bij deze opdracht of bekijk ze alle drie. Bespreek daarna de vragen met elkaar.

- Wat vind je van de reactie van de hoofdpersoon?
- Hoe zou je reageren?
- Welke competenties kun je hier gebruiken?

De meeste (grote) bedrijven zeggen dat ze *diversiteit* belangrijk vinden. Dat betekent dat ze werknemers willen hebben die niet allemaal hetzelfde zijn. Mensen uit verschillende culturen, mannen en vrouwen, homo's en lesbiennes, mensen met een beperking, jong en oud: iedereen kan solliciteren en de beste wordt aangenomen.

In de praktijk is dat weleens anders. Heb je een buitenlandse achternaam? Dan word je minder snel uitgenodigd voor een sollicitatiegesprek. Ook voor ouderen en mensen met een beperking is het vaak lastig om werk te vinden. En homo's en lesbiennes durven op hun werk soms niet te praten over hun partner.
Cultuurverschillen op het werk kunnen *miscommunicatie* veroorzaken. Dat is niet zo erg, als je maar met elkaar blijft praten en samen naar oplossingen zoekt.

## Assertief zijn

### Opdracht 8

C

Kies een van de filmpjes bij deze opdracht of bekijk ze allebei. Bespreek daarna de vragen.

- Wat vind je van de reactie van de hoofdpersoon?
- Hoe zou je reageren?
- Welke competenties kun je hier gebruiken?

*Assertief* zijn betekent: op een rustige en vriendelijke manier 'nee' zeggen als je iets niet wilt of kunt. En ook duidelijk zeggen wat je wél wilt en wat goed is voor jou.

## Feedback

### Opdracht 9

C

Kies een van de filmpjes of bekijk ze allebei. Bespreek daarna de vragen.

- Wat vind je van de reactie van de hoofdpersoon?
- Hoe zou je reageren?
- Welke competenties kun je hier gebruiken?

Heb je problemen op je werk? Als je er niet over praat, kun je veel stress krijgen. Maar feedback geven en krijgen is niet altijd makkelijk. Soms durf je niks te zeggen. Of je schaamt je. Of je wordt boos als iemand kritiek op jou heeft.

Hier zijn een paar tips over feedback geven:

- Praat over wat je ziet of hoort. Bijvoorbeeld: 'Ik zie dat je vaak te laat bent' of 'Ik hoor dat je veel praat.'
- Zeg dan waarom het voor jou een probleem is. Bijvoorbeeld: 'Ik kan mijn werk niet goed doen als jij laat komt.'
- Leg uit wat voor jou een goede oplossing is. Bijvoorbeeld: 'Ik wil graag dat je op tijd komt.'
- Zeg ook wat je goed vindt van de ander.

En een paar tips over feedback krijgen:

- Niemand is perfect. Door feedback kun je jezelf ontwikkelen.
- Als je iets niet begrijpt, vraag dan wat de ander bedoelt. Over welke situatie gaat het?
- Denk rustig na over de feedback. Wat kun je anders doen?

- Vertel de ander wat je anders kunt doen. Bedank voor de feedback, want je kunt ervan leren.

Een goede manier van feedback geven is de 'sandwichmethode'. Vertel wat je positief vindt, daarna wat volgens jou beter kan. Je eindigt weer met positieve feedback.

## Werk en privé

### Opdracht 10

C

Kies een van de filmpjes bij deze opdracht of bekijk ze allebei. Bespreek daarna de vragen.
- Wat vind je van de reactie van de hoofdpersoon?
- Hoe zou je reageren?
- Welke competenties kun je hier gebruiken?

*'Werk en privé zijn gescheiden'* betekent dat je problemen die je thuis hebt, zelf moet oplossen. Je werk gaat gewoon door. Heb je veel problemen? Praat dan met je werkgever. Vaak wil hij je wel helpen. Zorg je voor een ernstig ziek familielid? Dan heb je recht op *zorgverlof*. Je kunt dan een tijdje minder werken of even stoppen met werken. Zo kun je meer thuis zijn.

Je collega's zijn niet je vrienden. Samen uitgaan of bij elkaar op bezoek komen: de meeste Nederlandse collega's doen dat niet zo snel. Natuurlijk kun je toch altijd iemand uitnodigen of afspreken om samen uit te gaan. Misschien moeten je Nederlandse collega's hier even aan wennen. Maar diversiteit betekent dat je de goede dingen van elkaars cultuur overneemt.
Vaak praten collega's in de pauze over allerlei persoonlijke dingen, zoals problemen met de kinderen. Stellen ze jou persoonlijke vragen? Je kunt dan altijd kiezen of je antwoord wilt geven.

Ook tijdens een sollicitatiegesprek stellen mensen vragen. Over sommige onderwerpen mag een commissie geen vragen stellen. Dat staat in de wet. Bijvoorbeeld:
- godsdienst of geloof (dus ook niet over de ramadan);
- het werk van je partner;
- hoeveel je verdiende bij je vorige baas;
- op welke partij je stemt als er verkiezingen zijn;
- of je lid bent van een *vakbond*;
- *seksuele geaardheid* (of je homoseksueel bent bijvoorbeeld);
- zwangerschap of je gezondheid (behalve bij een baan waar je zwaar lichamelijk werk doet of met gevaarlijke stoffen werkt).

## Opdracht 11

Kies het antwoord dat jij het beste vindt tijdens een sollicitatiegesprek of bedenk zelf een antwoord. Bespreek daarna de antwoorden met de groep.

1 Ga je weleens naar de moskee (tempel, kerk, synagoge)?
- a Daar hebt u niets mee te maken.
- b Dat vind ik voor dit werk niet *relevant*.
- c ______________________________

2 Wat doet je partner eigenlijk?
- a Die vraag beantwoord ik liever niet.
- b Wat een stomme vraag!
- c ______________________________

3 Hoeveel verdiende je bij je vorige werkgever?
- a Sorry, die vraag mag u helemaal niet stellen.
- b Ik praat liever over hoeveel ik hier ga verdienen.
- c ______________________________

4 Op welke politieke partij stem je?
- a Waar stemt u eigenlijk op?
- b Dat is geheim, daar hoef ik niet over te praten.
- c ______________________________

5 Ben je lid van een vakbond?
- a Natuurlijk.
- b Dat houd ik liever voor mezelf.
- c ______________________________

6 Val je op mannen of vrouwen?
- a Nou, ik vind u heel aantrekkelijk.
- b Dat vind ik privé.
- c ______________________________

7 Ben je zwanger?
- a Wie weet.
- b Die vraag beantwoord ik liever niet.
- c ______________________________

8 Doe je mee aan de ramadan?
- a Als we collega's worden, praat ik daar graag met u over. Maar niet tijdens een sollicitatiegesprek.
- b Kun je geen betere vraag bedenken?
- c ______________________________

## Opdracht 12

Werk in tweetallen. Kijk nog eens naar de vragen bij de vorige opdracht. Lees om de beurt een vraag, de ander geeft antwoord. Wat zeg je als een collega jou deze vragen stelt?

## Opdracht 13

Cursist A is een collega en stelt een onbeleefde vraag. Cursist B kiest: wil je antwoord geven of beleefd *weigeren*? Je kunt de zinnen hierna gebruiken, maar je mag ook zelf vragen en antwoorden bedenken. Wissel daarna van rol.

- Waarom ben je in Nederland?
- Waarom ben je niet in je eigen land gebleven?
- Ben je met de politie in aanraking geweest?
- Heb je in de gevangenis gezeten?
- Hoeveel kinderen willen jullie?
- Hoeveel verdiende je in je eigen land?
- Waarom ben je niet getrouwd?
- Op welke politieke partij stem je?
- Waarom ben je bij de huisarts geweest?

* Sorry, dat vind ik te persoonlijk.
* Dat vertel ik liever niet.
* Ik vind het moeilijk om daarover te praten.
* Die vraag vind ik nu niet relevant.
* Wat ben jij nieuwsgierig, zeg!
* Dat is privé.

**RESULTAATKAART 8**

Heb je voldoende informatie over de Nederlandse werkcultuur? Ga naar **www.inburgeren.nl** en vul de resultaatkaart in. Je laat zien dat je de verschillen kent tussen het werk in je eigen land en het werk in Nederland. (Als je een baan hebt, vul dan de kaart in over situaties op je eigen werk.)

## WOORDENLIJST

- Lees de woorden. Je kunt de lijst zelf langer maken.
- Welke woorden ken je? Zet daar een kruisje voor.
- Welke woorden ken je niet? Lees de betekenis en schrijf de vertaling erachter.
- Lees de woorden nog eens hardop. Vind je de uitspraak moeilijk? Zet dan een streep onder de lettergreep met de klemtoon (het accent).

☐ **Arbeidscontract of arbeidsovereenkomst** ____________________

Je tekent een arbeidscontract als je gaat werken. Hierin staan afspraken over bijvoorbeeld de werktijden, het salaris, de proeftijd en vakantiedagen. Er zijn veel soorten contracten:

- Nulurencontract: je wordt gebeld als er werk is. Misschien werk je veel, misschien weinig.
- Vast contract of contract voor onbepaalde tijd: er staat geen einddatum in.
- Tijdelijk contract of contract voor bepaalde tijd: er staat een laatste werkdatum in. Het werk stopt dan.

☐ **Arbeidsvoorwaarden** ____________________

Afspraken die in je arbeidscontract staan. *Heb je werk gevonden? Je hebt dan eerst een gesprek over de arbeidsvoorwaarden.*

☐ **Assertief** ____________________

Duidelijk, rustig en vriendelijk zeggen wat je wilt. Of wat je niet wilt. *Mijn baas geeft mij een opdracht. Maar ik heb al veel werk. Ik probeer assertief te zijn.*

☐ **Collectieve arbeidsovereenkomst (cao)** ____________________

Een arbeidscontract tussen werknemers en werkgevers voor een grote groep, bijvoorbeeld de zorg, de schoonmaak of het onderwijs. *Bijna elke sector heeft een eigen cao. Er staan afspraken in over bijvoorbeeld het salaris en verlofdagen.*

☐ **Diversiteit** ____________________

Verschillen en variatie. *In de natuur zie je een diversiteit aan planten en dieren. Sommige bedrijven vinden diversiteit belangrijk. Ze willen een afspiegeling van de samenleving zijn.*

☐ **Miscommunicatie** ______________________

Mensen communiceren, en als ze elkaar niet zo goed begrijpen is dat miscommunicatie. *Hakim zegt in het filmpje: 'Ik vraag meel aan mijn Turkse collega, maar ik krijg een pakje gist.' Dat is een voorbeeld van miscommunicatie.*

☐ **Ongeschreven regels** ______________________

De gewoontes die bij de cultuur horen, bijvoorbeeld op het werk. Je kunt deze regels nergens lezen. Daarom is het soms moeilijk om ze te begrijpen. *Ik vind het moeilijk om mijn collega's te begrijpen. Voor hen is het moeilijk om de ongeschreven regels aan mij uit te leggen.*

☐ **Opzegtermijn** ______________________

Als je ontslag neemt, moet je dat een of twee maanden van tevoren schriftelijk melden aan je werkgever. Je baas heeft dan tijd om iemand anders te zoeken. Als je ontslag krijgt, heeft je werkgever een opzegtermijn. Jij kunt dan iets anders zoeken. Hoelang die termijn is, staat in je contract. Ook als je een huis huurt en je wilt verhuizen, heb je een opzegtermijn.

☐ **Proeftijd** ______________________

De eerste periode van maximaal twee maanden bij een nieuwe werkgever. Jij kunt kijken of het werk bij je past en de werkgever kan kijken of jij in het bedrijf past. Tijdens je proeftijd is er geen opzegtermijn. In het arbeidscontract staat hoelang de proeftijd duurt.

☐ **Relevant** ______________________

Belangrijk. *Op* ***www.inburgeren.nl*** *vind je relevante informatie over het inburgeringsexamen. Vragen over het geloof hoef je niet te beantwoorden tijdens een sollicitatiegesprek. Die zijn niet relevant voor je werk.*

☐ **Seksuele geaardheid** ______________________

Word je verliefd op mensen van hetzelfde geslacht, dezelfde sekse? Dan ben je homoseksueel of lesbisch. Word je verliefd op mensen van de andere sekse? Dan is je seksuele geaardheid heteroseksueel. Als je verliefd kunt worden op mannen én vrouwen, ben je biseksueel.

☐ **Vakbond** ______________________

Organisatie die werknemers kan helpen als er problemen zijn op het werk (je moet dan wel lid zijn). Zij praten met de werkgevers over de cao. Ook organiseren ze demonstraties en stakingen. *De FNV en de CNV zijn de grootste vakbonden van Nederland.*

☐ **Weigeren** ______________________________

Iets niet doen, of zeggen dat je iets niet wilt. *Mijn baas vroeg of ik met hem uit eten wilde gaan. Dat heb ik geweigerd.*

☐ **Werk en privé zijn gescheiden** ______________________________

Problemen thuis moet je zelf oplossen. De werkgever houdt hier niet altijd rekening mee. *In Nederland zijn werk en privé gescheiden. Ik ben alleenstaande moeder en ik begin om acht uur met mijn werk. De kinderen gaan dan naar de buurvrouw. Zij brengt ze naar school.*

☐ **Zorgverlof** ______________________________

Jonge vaders mogen nu twee dagen vrij nemen als hun vrouw bevallen is. *Ik hoop dat het zorgverlof voor vaders in de toekomst uitgebreid wordt.*

Mijn moeilijke woorden:

________________________________________________________

________________________________________________________

________________________________________________________

## VOCABULAIRE EN VAARDIGHEDEN

Bij opdracht 14 oefen je met de moeilijkere woorden uit het hoofdstuk. Hoe kun je een probleem bespreken op het werk? Bij opdracht 15 oefen je hiermee. Opdracht 16 is een extra oefening over feedback geven.

### Opdracht 14

Lees om de beurt een zin. Reageer en gebruik een woord uit de woordenlijst.
Er zijn ook kaartjes met de vragen en antwoorden. Werk je daar liever mee? Vraag ze aan je docent.

1 Hoe gaat het op je werk?
2 Ik dacht dat hij nog bij Philips werkte.
3 Vind je het makkelijk om 'nee' te zeggen?
4 Werken er mensen van verschillende culturen bij dit bedrijf?
5 Ik wil stoppen met werken.
6 Hoeveel vakantiedagen heb je?
7 Mijn kind krijgt een zware operatie. Hoe moet dat nu met mijn werk?
8 Weet jij of ik recht heb op zorgverlof?
9 Op welke politieke partij stem je? (Tijdens een sollicitatiegesprek.)

## Opdracht 15

Kies drie problemen en bedenk samen een oplossing. Wat kun je zeggen? Gebruik de tips over feedback geven en krijgen.

**Probleem 1:** Mijn begeleider praat te snel.
Oplossing:

**Probleem 2:** Ik kom te laat.
Oplossing:

**Probleem 3:** In de pauze praten mijn collega's met elkaar, ik praat niet mee.
Oplossing:

**Probleem 4:** Ik vind mijn taken niet leuk. Ik wil graag iets anders doen.
Oplossing:

**Probleem 5:** Ik voel me gediscrimineerd.
Oplossing:

Is er een ander probleem waarover jij je zorgen maakt? Schrijf het op en praat met elkaar over een oplossing.

Probleem:

______________________________

______________________________

______________________________

Oplossing:

______________________________

______________________________

______________________________

## Meer oefenen met gesprekken op het werk

Lees de tips over feedback geven en krijgen nog eens en ga dan verder met opdracht 16.

Feedback geven:

1. Zeg wat je ziet. Praat in de ik-vorm.
2. Zeg waarom het voor jou een probleem is. Begin als het kan weer met 'ik'.
3. Vertel wat jij een goede oplossing vindt. Of bespreek dit samen.
4. Zeg ook wat je goed vindt aan de ander.

Feedback krijgen:

1. Niemand is perfect. Door feedback kun je jezelf ontwikkelen.
2. Als je iets niet begrijpt, vraag dan wat de ander bedoelt. Over welke situatie gaat het?
3. Denk rustig na over de feedback. Wat kun je anders doen?
4. Vertel de ander wat je gaat verbeteren. Bedank voor de feedback, want je kunt ervan leren.

### Opdracht 16

Vraag rolkaarten en een feedbackformulier aan je docent. Spreek af wie begint en oefen het gesprek. Cursist A en B spelen een rollenspel, cursist C geeft feedback. Wissel daarna van rol.

C Meer oefenen? Ga naar de website voor een interactieve oefening.

# 9 Het portfolio

Heb je alle resultaatkaarten ingevuld? Heb je alle bewijzen in je computer opgeslagen? Dan is je portfolio af en kun je het opsturen. Een medewerker van DUO kijkt het na. In dit hoofdstuk kun je alle resultaatkaarten nakijken met behulp van de controlevragen. Daarna kun je bij elke resultaatkaart oefenen met vragen voor het portfoliogesprek.

## 9.1 Controleer je portfolio

Als je een fout hebt gemaakt of als je portfolio niet compleet is, wordt het teruggestuurd. Je moet het dan verbeteren.

Je kunt het portfolio digitaal invullen en versturen, de bijlagen moeten dan geüpload worden. Log eerst in via **www.inburgeren.nl**. Je krijgt sneller bericht bij een digitaal portfolio dan bij de papieren versie.

Je kunt het portfolio ook per post opsturen. Controleer dan of het compleet is. Ben je niets vergeten in te vullen? Heb je alle bijlagen?

Je papieren portfolio bestaat uit:

- het aanmeldingsformulier;
- het voorblad;
- acht ingevulde resultaatkaarten;
- twee vacatures van je wensberoep;
- twee ingevulde sollicitatieformulieren (als er van jouw wensberoep geen formulieren zijn, gebruik je formulieren van een ander beroep);
- een sollicitatiebrief voor een vacature van jouw wensberoep;
- je cv;
- als je ze hebt: kopieën van diploma's of certificaten, diplomawaardering, Indicatie Onderwijsniveau (ION) of bewijs EVC-traject.

// Via de website van DUO (**www.inburgeren.nl**) kun je het document 'Toelichting' downloaden met informatie over het examen en de resultaatkaarten.

- Bij de resultaatkaarten moet je opties aankruisen en zinnen aanvullen.
- Met sommige resultaatkaarten moet je bijlagen meesturen, zoals twee vacatures bij resultaatkaart 4.
- Je moet alle resultaatkaarten over een en hetzelfde wensberoep invullen. Verander je tijdens ONA van wensberoep? Vul dan alle kaarten opnieuw in over dit nieuwe beroep.

Controleer nu eerst of je portfolio compleet is en of je elke kaart goed hebt ingevuld.

## Het aanmeldingsformulier (alleen bij het papieren portfolio)

Op de website van DUO (**www.inburgeren.nl**) vind je het aanmeldingsformulier voor het examen. Je kunt de antwoorden typen en daarna printen, je kunt het formulier ook eerst printen en daarna met een pen invullen.
Dit vind je op het formulier:

1. **Uw gegevens**
   Vul alles in en vergeet je burgerservicenummer (bsn) bovenaan niet.
2. **Postadres**
   Dit vul je alleen in als je een postbus hebt of als je wilt dat jouw post naar een ander adres wordt gestuurd dan waar je woont.
3. **Manier van betalen**
   Heb je een lening van DUO en wil je het examen daarvan betalen? Kruis dit dan aan. Heb je geen lening, kruis dan aan dat je met een factuur wilt betalen. DUO stuurt jou dan de rekening.
4. **Handtekening**
   Schrijf de datum en je telefoonnummer op en zet je handtekening.
5. **Checklist**
   Controleer of je alle verplichte bewijzen meestuurt. Diploma's en certificaten mag je meesturen als je die hebt.

## Het voorblad

☐ Ik heb mijn persoonlijke gegevens ingevuld.

☐ Ik heb mijn bsn ingevuld.

☐ Ik heb de andere vragen goed ingevuld.

## De resultaatkaarten

Controleer dit bij elke kaart:

- ☐ Ik heb mijn voor- en achternaam ingevuld.
- ☐ Ik heb aangekruist wat bij mij past.
- ☐ Ik heb alles ingevuld
- ☐ Ik heb scans van mijn diploma's in mijn portfolio gedaan.
- ☐ Ik heb twee vacatures bij resultaatkaart 4 gezocht, de informatie hierover op de kaart ingevuld en in mijn portfolio gedaan.
- ☐ Ik heb een sollicitatiebrief geschreven en in mijn portfolio gedaan.
- ☐ Ik heb twee sollicitatieformulieren ingevuld en in mijn portfolio gedaan.
- ☐ Ik heb een cv gemaakt en in mijn portfolio gedaan.

Let op: soms moet je op de resultaatkaart alleen iets aankruisen, soms moet je alleen iets invullen, maar af en toe moet je eerst iets aankruisen en staat er achter de zin ook nog 'want: ...' of 'bijvoorbeeld: ...'. Vergeet niet dit in te vullen.

## De sollicitatiebrief

Let op deze punten:

- ☐ datum en plaats
- ☐ aanhef
- ☐ gebruik de achternaam van de persoon aan wie je schrijft
- ☐ gebruik 'u' in de brief
- ☐ vertel welk werk je wilt doen
- ☐ vertel ook waarom je dit werk wilt doen
- ☐ eindig met een groet en je handtekening
- ☐ je eigen adres staat ook in de brief
- ☐ de tekst ziet er netjes uit (links op het papier, met alinea's en regels wit)
- ☐ maak geen schrijffouten

## Het cv

Let op deze punten:

- ☐ naam
- ☐ adres
- ☐ postcode en woonplaats
- ☐ geboortedatum

- ☐ opleidingen in je eigen land en/of in Nederland
- ☐ werkervaring in je eigen land en/of in Nederland (een taalstage of vrijwilligerswerk is ook werkervaring)
- ☐ de tekst ziet er netjes uit (kopjes, regels wit, alles netjes onder elkaar)
- ☐ maak geen schrijffouten

## 9.2 Het portfoliogesprek

In dit gesprek hoef je geen perfect Nederlands te spreken. Fouten maken mag, je spreekvaardigheid wordt niet beoordeeld. De commissie kijkt of je weet hoe je werk kunt zoeken en of je de Nederlandse werkcultuur een beetje kent.

Werk samen. Kies de resultaatkaart of -kaarten waarmee je wilt oefenen. Geef jouw kaarten aan de ander. Zoek de oefenvragen op in dit hoofdstuk en bedenk zelf ook een paar vragen. Stel vooral vragen over wat de ander opgeschreven heeft, bijvoorbeeld: 'Waarom is vrijwilligerswerk niets voor jou?' Oefen het gesprek.

**RESULTAATKAART 1 BEROEPENORIËNTATIE**

Je laat zien:
- dat je weet welke beroepen in Nederland bij jou passen en dat je een van deze beroepen kiest;
- dat je weet welke sectoren of branches bij jouw wensberoep horen;
- dat je weet of een diplomawaardering, een ION of een EVC-traject voor jou nodig is.

Vragen:
- Wat is jouw wensberoep?
- Heb je ervaring in dit beroep?
- Bij welke sector hoort jouw wensberoep?
- Welke andere beroepen ken je uit deze sector?
- Kun je andere sectoren noemen?
- Past jouw wensberoep in andere sectoren?
- Is een ION iets voor jou? Waarom wel of niet?

Deze vragen wil ik stellen over de resultaatkaart:

______________________________________________

______________________________________________

## RESULTAATKAART 2 REALISTISCH BEROEPSBEELD

Je laat zien:

- dat je weet welke taken je hebt in jouw wensberoep;
- dat je weet welke werkomstandigheden bij dit beroep passen;
- dat je weet welke speciale eisen dit werk aan je stelt;
- dat je weet dat het beroep bij jouw persoonlijke omstandigheden past.

Vragen:

- Welke taken heb je bij jouw wensberoep?
- Welke vind je het leukst?
- Welke vind je niet zo leuk?
- Wat doe je als je taken moet doen die je niet leuk vindt?
- Wat kun je zeggen over de werkomstandigheden bij jouw wensberoep?
- Past dit beroep bij jouw persoonlijke omstandigheden?
- Worden er speciale eisen gesteld?
- Waarom past dit beroep bij je?

Deze vragen wil ik stellen over de resultaatkaart:

________________________________________

________________________________________

## RESULTAATKAART 3 JE EIGENSCHAPPEN KENNEN

Je laat zien:

- welke eigenschappen of competenties belangrijk zijn voor werken in Nederland;
- welke eigenschappen of competenties belangrijk zijn voor je wensberoep;
- welke van deze eigenschappen of competenties je hebt en welke je (nog) niet hebt.

Vragen:

- Noem drie competenties die bij alle beroepen belangrijk zijn.
- Heb je die competenties?
- Noem vier competenties die belangrijk zijn bij jouw wensberoep.
- Heb je die competenties? In welke situatie heb je ze laten zien? Wat was het resultaat?
- Met welke competenties wil je nog oefenen?

Deze vragen wil ik stellen over de resultaatkaart:

________________________________________

________________________________________

## RESULTAATKAART 4 BEROEPSKANSEN

Je laat zien:

- waar je kunt zoeken naar vacatures voor je wensberoep;
- hoe je weet of er genoeg werk is in dit beroep;
- wat je gaat doen als er weinig werk is.

Vragen:

- Noem drie plaatsen waar je vacatures kunt vinden.
- Zijn er veel vacatures van jouw wensberoep? Hoe weet je dat?
- Past vacature 1 bij jou? Waarom wel of niet?
- Is vacature 2 geschikt voor jou? Waarom wel of niet?
- Wat ga je doen om werk te vinden?

Deze vragen wil ik stellen over de resultaatkaart:

________________________________________

________________________________________

## RESULTAATKAART 5 BEROEPSCOMPETENTIES

Je laat zien:

- dat je weet welke opleiding of cursus bij jou en je wensberoep past;
- dat je informatie over cursussen en opleidingen kunt vinden;
- dat je weet welke toelatingseisen (diploma of taalniveau) er zijn voor de opleiding of cursus;
- dat je weet waar je je taalniveau kunt verhogen;

Vragen:

- Welke opleiding of cursus past bij jou?
- Is dit een fulltime- of parttimeopleiding?
- Heb je een diploma of certificaat nodig voor deze opleiding of cursus?
- Hoe kun je informatie vinden over een opleiding of cursus?
- Waar kun je deze opleiding of cursus doen?
- Waarom past deze opleiding of cursus bij jou?
- Is jouw taalniveau voldoende voor deze opleiding of cursus?
- Wat moet je in het Nederlands doen bij jouw wensberoep?
- Misschien moet je je Nederlands nog verbeteren. Hoe ga je dit doen?
- Hoe duur is de opleiding of cursus?
- Hoe betaal je de opleiding of cursus?

Deze vragen wil ik stellen over de resultaatkaart:

________________________________________

________________________________________

## RESULTAATKAART 6 NETWERK OPBOUWEN

Je laat zien:

- wie er in je netwerk zitten;
- welke mensen jou kunnen helpen bij het zoeken naar werk;
- wat je gaat doen om een goed netwerk te krijgen;
- hoe je nieuwe mensen kunt leren kennen om je netwerk te vergroten.

Vragen:

- Je zoekt werk. Je wilt solliciteren. Hoe kunnen mensen uit jouw netwerk je helpen?
- Je zoekt een opleiding. Hoe kunnen anderen jou helpen?
- Hoe kun je je netwerk groter maken?
- Wanneer ga je dit doen?

Deze vragen wil ik stellen over de resultaatkaart:

________________________________________

________________________________________

## RESULTAATKAART 7 WERK VINDEN

Je laat zien:

- dat je weet hoe je naar werk kunt zoeken;
- dat je weet hoe je naar plaatsen kunt zoeken om werkervaring te krijgen;
- dat je weet waarvoor sollicitatieformulieren en sollicitatiebrieven zijn;
- dat je sollicitatieformulieren kunt invullen en een sollicitatiebrief kunt schrijven;
- dat je een cv kunt maken;
- dat je weet waar je hulp kunt vinden bij het schrijven van sollicitatiebrieven en je cv;
- dat je weet wat belangrijk is in een sollicitatiegesprek.

Vragen:

- Op welke manieren kun je werk vinden?
- Wat is voor jou een goede manier?
- Hoe kun je werkervaring krijgen als je geen betaald werk hebt?
- Is een (taal)stage of werkervaringsplaats iets voor jou? Waarom wel of niet?
- Hoe kun je een (taal)stage of werkervaringsplaats vinden?
- Noem drie redenen waarom sollicitatieformulieren of -brieven worden gebruikt.
- Moet je voor jouw wensberoep een sollicitatieformulier invullen of een sollicitatiebrief schrijven?

- Noem drie vragen die kunnen worden gesteld bij een sollicitatiegesprek.
- Hoe kun je bij een sollicitatie een goede indruk maken?
- Laat twee door jou ingevulde sollicitatieformulieren zien.
- Laat een sollicitatiebrief zien die je hebt geschreven.
- Laat je cv zien.
- Wie kan jou helpen bij het schrijven van een sollicitatie of een cv?

Deze vragen wil ik stellen over de resultaatkaart:

______________________________________________

______________________________________________

## RESULTAATKAART 8 WERKCULTUUR

Je laat zien dat je de verschillen kent tussen het werk in je eigen land en het werk in Nederland.

Vragen:

- Noem drie voorbeelden van verschillen in werkcultuur tussen Nederland en je eigen land.
- Wat vind je negatief aan de Nederlandse werkcultuur? Noem als het kan voorbeelden van je taalstage of vrijwilligerswerk.
- Wat vind je positief aan de Nederlandse werkcultuur? Noem als het kan voorbeelden van je taalstage of vrijwilligerswerk.
- Wat doe je als je iets niet begrijpt? Noem als het kan voorbeelden van je taalstage of vrijwilligerswerk.

Deze vragen wil ik stellen over de resultaatkaart:

______________________________________________

______________________________________________

# Over de auteur

Dorothé Pietersma is docent NT2 en ONA bij de Rijksuniversiteit Groningen en loopbaancoach. Zij verzorgt inburgeringscursussen en taaltrainingen Nederlands voor anderstaligen. Als loopbaancoach helpt zij werkzoekenden om werk te vinden dat bij ze past. Ook werknemers kunnen bij haar terecht, bijvoorbeeld als ze met meer rust en plezier hun werk willen doen of als ze een keus willen maken voor ander werk. Voor Coutinho schreef ze eerder *Zwart op wit – Praktische schrijfvaardigheid voor volwassenen* en *Sterk aan het werk – Loopbaantraining voor werkenden en werkzoekenden*.